Margit Kruse

# UNHEIMLICH WEIHNACHTLICH!

## Böse Geschichten aus dem Ruhrgebiet

Wartberg Verlag

1. Auflage 2021

Satz und Layout: Christiane Zay, Passau
Druck: Rindt Druck, Fulda
Buchbinderische Verarbeitung: Buchbinderei S. R. Büge, Celle

34281 Gudensberg-Gleichen, Im Wiesental 1
Telefon: 0 56 03 - 9 30 50
www.wartberg-verlag.de
ISBN 978-3-8313-3012-6

# INHALT

# VORWORT

Zu hohe Erwartungen. Das ist das Problem. Kurz vor dem Fest sind alle maximal gestresst. Die Vorstellung eines idyllischen Festes im Kreise glücklicher Menschen ist übermächtig, gilt Weihnachten doch als Fest der Liebe, Gaben und Genüsse. Stattdessen gibt es Zank und Streit, die Wut schäumt über, es wird geschlagen, zerstört, geraubt, beleidigt, betrogen, das ein oder andere ins Essen gemischt und einiges mehr.

In 15 bösen Geschichten, alle der überschwappenden Fantasie der Autorin geschuldet, gelegentlich mit einem Hauch Wahrheit versehen, möchte Margit Kruse Sie auf die Weihnachtszeit einstimmen. Gerade im Ruhrgebiet, in den Straßen der Ruhrmetropolen, geht es hoch her. In Bottrop wird der kleine Rauhaarzwergdackel Karlchen, der vor dem Netto-Laden auf sein Frauchen wartet, mitgenommen, am Stadtwaldteich in Buer wirft man eine nervige Nachbarin über das Brückengeländer und aus Kostengründen schenkt eine alte Dame ihrem Freund statt eines Wellensittichs einen Sperling, der sich weigert, zahm zu werden.

In Haltern sägt ein Bösewicht am St.-Martins-Tag aus Rache dem Pferd den Sattelgurt an und in Herten lässt ein armer Rentner in einem Supermarkt ein großes Marzipanbrot mitgehen, was üble Folgen hat. Dazu gibt es in diesem Buch böse Geschichten von ätzenden Schwiegermüttern, faulen Sprösslingen, nervenden Ehemännern, penetranten Eltern und lahmen Verehrern.

Sie alle haben einen Denkzettel verdient, findet die Autorin. Da geht es nicht nur Gänsen und Karpfen an den Kragen, auch der Weihnachtsbaum verliert vorzeitig die Nadeln.

Ein frohes und gesegnetes Fest!

# VERBRANNT UND ZUGENÄHT

„Weihnachten! Lass uns diesen ganzen Vorweihnachtstress vergessen und uns auf das Wesentliche konzentrieren. Dieser Konsumscheiß. Nicht auszuhalten. Geschenke fallen dieses Jahr auch flach. Wir haben kein Geld."

Barbara schaute ihren Mann Rolf traurig an. Wie er sich in den 25 Jahren Ehe verändert hat, dachte sie wehmütig. Ein ungepflegtes Wrack war aus ihm geworden. Jeder wollte ihm angeblich nur Böses. Sein Chef, der ihn wegen seiner Bummelei und der Alkoholfahne rausgeworfen hatte, der Vermieter, der ihm mit der Kündigung drohte, weil er die Miete seit zwei Monaten nicht überwiesen hatte, seine Mutter, weil sie von ihrer kleinen Rente nichts locker machen wollte. Denn sie kam selbst kaum über die Runden. Seine Söhne, die sich von ihm losgesagt hatten, waren Idioten.

Barbara hatte außer einem 450-Euro-Job zwei Putzstellen in der Nachbarschaft, bei Herrn Köhler und bei Frau Kerstan. Das gesamte Geld musste sie Rolf abliefern, der es angeblich besser einteilen würde. Er saß da, in der schlabbrigen Jogginghose, breitbeinig auf dem alten Sofa und glotzte den Fernseher an, rauchte und trank Bier. Der Garten verkam, in dem mickrigen Zechenhaus erledigte er nichts. Gegen eine Heizung, die von den anderen Mietern freudig begrüßt wurde, hatte er sich gesträubt, weil sich dies auf die Miete niedergeschlagen hätte. 350 Euro Miete im Monat waren genug, fand er. Immerhin hatte er vor langen Jahren eine Dusche im Keller installiert, ansonsten wurde mit Kohle geheizt und sich in der Küchenspüle gewaschen. Barbara hasste den alten

Kohleofen in der Wohnküche. Genau wie sie ihren Mann mittlerweile hasste. Diesen dominanten Kerl, der ständig denselben amselfarbigen Pulli trug, sich nicht rasierte und kaum wusch. Zwei Zähne im Frontbereich mussten ihm letztens gezogen werden. Für Nachschub sorgte er nicht. Wozu? Dabei hätte er als Hartz-IV-Empfänger für die einfachste Ausführung nicht einmal was zuzahlen müssen.

„Meine Eltern und deine Mutter kommen am Heiligen Abend. Bekommen die nicht mal eine Kleinigkeit? Aber fürs Essen musst du mir was extra geben. Schließlich will ich was Schönes auf den Tisch bringen."

„Was auf die Fresse kannst du haben. Das ist dein Extra." Ein hämisches Lachen ließ sein Gesicht wie eine Fratze aussehen. Die schmutzigen Fingernägel verschwanden in seinem fettigen Haar, um die juckende Kopfhaut zu kratzen.

Barbara überlegte, etwas von dem Geld, das Frau Kerstan fürs Flur putzen zahlte, für sich zu behalten und fürs Fest auf die Seite zu legen. Wenn er es merken würde, würde es was setzen. Sie seufzte. Wieso ließ sie sich das alles gefallen? Aber sollte sie sich ausgerechnet jetzt von ihm trennen? Zu Weihnachten? Resigniert ließ sie die Schultern hängen. Nicht mal mehr ein Geschenk sollte es zu Weihnachten geben.

Vergnügt nahm Rolf einen Schluck aus seiner Bierflasche – und das um 10 Uhr morgens. Nachdem Barbara den Raum verlassen hatte, zog er ein Geldbündel, das er mit einem Gummiband zusammenhielt, aus seiner Hosentasche und machte Kassensturz. Ob er ihr zu Weihnachten was zusätzlich geben sollte, fragte er sich. Fleißig war sie ja, versorgte ihn gut. Er freute sich, dass er in der alten Zechensiedlung in Gelsenkirchen-Hassel so günstig wohnen konnte. Im Schatten des alten Zechengeländes Bergmannsglück, wo er sein – wenn auch kurzes – Arbeiterleben unter Tage beschäftigt war.

Irgendwann war es ihm zu anstrengend geworden, tagaus, tagein einzufahren. Wozu?, fragte er sich. Verhungern würde er schon nicht. Mit 45 Jahren war Schluss. Er flog raus. Unentschuldigt fehlen und saufen kam nicht so gut an. 389 Euro pro Person gab es vom Staat, waren zusammen 778 Euro. Von ihrem Minijob durfte Barbara nur 170 Euro behalten. Die Miete zahlte ebenfalls Vater Staat, abzüglich Strom und sonstigen Kosten blieben dem Ehepaar monatlich ungefähr 700 Euro, zusätzlich zum Putzlohn von Barbara, der mit 200 Euro zu Buche schlug. Seinen alten VW-Golf wollte Rolf unbedingt behalten. Deshalb konnte er Barbara nur 200 Euro Haushaltsgeld im Monat zuteilen. Okay, in der Weihnachtszeit würde es schwierig werden, was Gescheites auf den Tisch zu bringen. Ob er ihr vielleicht 20 Euro zusätzlich geben sollte?

Die Dümmste war Barbara, gelernte Näherin, nicht. Sie hatte sich hin und wieder etwas vom Putzgeld abgezwackt. Trotzdem war es knapp. Einen Tag vor dem Fest – sie war gerade bei den Vorbereitungen – sah es in der Wohnküche wüst aus. Christstollen sollte es geben, zum Abendessen Kartoffelsalat und Würstchen, am ersten Feiertag ein Brathähnchen. Gans war nicht drin. Barbara entschied sich außerdem, ein paar Plätzchen zu backen. Die Zutaten kosteten nicht die Welt. Sie war guter Laune, weil Rolf ihr vorhin ganz großzügig einen 50-Euro-Schein geschenkt hatte. Oh, was für Kniefälle hatte sie dafür machen müssen. Danke, danke, danke! Während sie auf dem Küchentisch Mehl mit Hefe verknetete, überlegte sie, wo sie gleich einkaufen würde und was. Ob sie Rolf ein kleines Geschenk holen sollte? Soeben hörte sie die Tür ins Schloss fallen und den alten Wagen starten. Zum Getränkemarkt würde er fahren, damit zu den Feiertagen ja genug Bier im Haus war. Und etliche Pakete Kaffee, die im Angebot waren, würde er sich gönnen. Barbara hatte sich geweigert, diesen vom Haushaltgeld zu kaufen.

Auf dem großen Küchentisch lag neben dem Teighaufen ein Berg mit ungeschälten Kartoffeln, daneben ein Turm mit Gemüse, das geputzt werden wollte. Rolf wollte heute Mittag Kartoffelsuppe essen.

Eine Stunde später. Ein einziges Chaos in der Küche. Die Suppe war fertig, sie konnte die wenigen Gemüseabfälle, die auf der Zeitung lagen, entsorgen. Sie entschied sich, sie in den Küchenofen zu stopfen, da ihr ein wenig kühl wurde und sie so das Feuer anheizen konnte. Kohlen hätte sie erst aus dem Keller holen müssen. Rolf hatte schließlich Rücken. Ofentür auf, Päckchen hinein, mit dem Schürhaken ordentlich durchgestochert.

Schnell war der Teig für den Stollen fertig und die Kartoffeln für den Salat waren geschält. Barbara räumte den Tisch ab. Plötzlich wurde ihr heiß und kalt. Wo war der 50-Euro-Schein? Sie hatte ihn auf den Tisch gelegt. Nichts. Hysterisch suchte sie alles ab. Er war weg. Sie hörte es im Ofen laut knistern. Nein! Es durfte nicht wahr sein. Hatte sie das Geld mit den Gemüseresten und der Zeitung verbrannt? Sie fing an zu weinen. Was war mit dem Einkauf? Konnte sie den nun vergessen? Nach einer weiteren Stunde, die sie heulend mit Suchen verbrachte, gab sie auf.

Rolf, der inzwischen vom Einkaufen zurück war, stand plötzlich im Türrahmen, die triefigen Augen weit aufgerissen. „Was machst du für ein Theater? Mittag fertig?“

„Der Geldschein, den du mir vorhin gegeben hast, ist weg. Er ist aus Versehen im Ofen gelandet.“ Er würde Verständnis haben, war sie sich sicher. Noch nie hatte sie Geld verloren. Doch weit gefehlt. Er packte sie an ihrem Blusenkragen und zog sie zu sich heran.

Ein ekeliger Schnapsgeruch, gepaart mit dem von Schweiß, streifte ihr Gesicht. „Sag, dass das nicht wahr ist. Du spinnst wohl. So gehst du mit dem sauer verdienten Geld um?“ Soeben wollte er mit seiner rechten Hand, die er zur Faust geballt hatte, ausholen, um sie ihr aufs Auge zu knallen.

Barbara riss sich los und lief zum Ofen. Noch einmal wollte sie mit dem Schürhaken in dem Feuer herumwühlen, um eventuell den Schein zu entdecken – ohne Erfolg. Sauer verdientes Geld. Pah! Keinen Cent hatte er davon erarbeitet, dieser Nichtsnutz. Wut kochte in ihr hoch. Er wollte sie tatsächlich wieder einmal schlagen?

Er war hinter ihr und im Begriff, ihr von hinten an den Hals zu fassen. Aber sie war schneller. Blitzartig drehte sie sich mit dem heißen Schürhaken in der Hand um und stach ihm die Spitze des Eisens mitten ins rechte Auge. Das zischende Geräusch, das dabei entstand, gefiel ihr. Rolf schrie auf und hielt das Auge zu. Wie Rumpelstilzchen hopste er schreiend durch die Küche. Das nutzte Barbara und riss ihm die Geldrolle aus der Hosentasche.

„Frohe Weihnachten noch“, sprach sie und lief eiligen Schrittes die Treppen hinauf ins Schlafzimmer, um ihre Sachen zu packen.

# KARLCHEN MUSS WEG

Conny zog sich den selbst gestrickten Schal, in den sie alle Regenbogenfarben verarbeitet hatte, enger um den schmalen Hals. Kälte und Nebel waberten um sie herum. Die Luft war mit Abgasen getränkt. Von wegen Luft wie klares Gebirgswasser, wie ihre Nachbarin Isabell gestern erst erzählt hatte. Wieder einmal hatte sie ihr die Ohren vollgeschwärmt, diese nervige Ziege, die nichts hatte als ihre Urlaube. In Bottrop, einer Großstadt mitten im Ruhrgebiet, war die Luft zwar inzwischen deutlich besser geworden, was sicherlich den vielen Grünanlagen geschuldet war, doch von einem Luftkurort konnte man nicht sprechen. In zwei Wochen war schon Weihnachten. Das Wetter sprach eher für Anfang November.

Zu ihrer Nachbarin Isabell gehörte Karlchen, der Rauhaarzwergdackel, der fast noch lästiger war als sein Frauchen. Er wohnte mit ihr in dem Reihenhaus in der Lortzingstraße in Bottrop, unweit des Prosper Parks. Kaum hatte Conny an dieses kleine bellende Ungeheuer gedacht, schaute sie ihm direkt in die dunkelbraunen, treuen Augen. Vor dem Eingang des Netto-Ladens in der Gladbecker Straße wartete er angebunden auf sein Frauchen, das wieder den halben Laden leer kaufen würde, um alles in ihrem vergammelten Hackenporsche nach Hause zu transportieren – das bellfreudige Karlchen an ihrer Seite. Jetzt hatte der kleine Hund Conny entdeckt und freute sich wie verrückt. Seine Rute schlug von links nach rechts aus. Er begann zu bellen und wollte vor lauter Begeisterung – so weit die Leine reichte – an Conny hochspringen. Reflexartig ging sie einen Schritt zurück.

Die feuchten Pfotenabdrücke an ihrer guten hellen Hose hätten ihr gerade noch gefehlt. Die Menschen, die an ihr vorbeigingen, schauten sich schon nach ihr um. Dachten sie vielleicht, Karlchen gehörte ihr? Sie und ein Hund? Sie musste schmunzeln. Sie mochte keine Hunde. Überhaupt hielt sie Tiere, die man nicht aß, für unnütze Kreaturen.

Auf einmal geschah es, ohne dass sie groß darüber nachdachte. Sie schnappte sich Karlchens rote Lederleine, band ihn los und lief mit ihm davon. Der kleine Kerl hatte großen Spaß und ging brav an ihrer Seite. Seine kurzen Beinchen flogen nur so über den Bürgersteig. Schließlich kannte er sie, wohnte seit Jahren Tür an Tür mit ihr. Wie oft hatte er sich durch die Hecke gepresst, um auf ihrem Rasen ein Häufchen zu machen.

Bin ich eigentlich verrückt?, fragte Conny sich, überquerte die viel befahrene Gladbecker Straße und steuerte auf den Lidl-Markt zu, vor dem ein riesiger beleuchteter Tannenbaum stand. Was wollte sie mit Karlchen? Er konnte schließlich nichts dafür, dass sein Frauchen ihm alles, aber auch wirklich alles durchgehen ließ. Immer wieder schaute der kleine beige-braune Dackel zu ihr hoch. Er schien über den ungeplanten Ausflug erfreut zu sein.

Doch kaum am Lidl-Markt angekommen, spürte Conny Reue. So eine Schnapsidee! Was tun? Zurück zum Netto-Laden eilen und Karlchen wieder dort anbinden, wo sie ihn vorgefunden hatte? Und wenn sie Conny in die Arme laufen würde? Was würde die für einen Aufstand machen! Mit Sicherheit würde sie die Polizei holen und behaupten, Conny wollte ihren kostbaren Hund, ihr Ein und Alles, entführen.

Voller Panik band Conny den Dackel am Fahrrandständer direkt neben dem Eingang an. Ein letzter Blick streifte das kleine Lederherz, das an Karlchens Halsband hing und sicherlich seine Adresse enthielt. Nach einkaufen war ihr nun nicht mehr, sie wollte nach Hause. Sie schaute auf die Uhr. In einer Stunde würde der Laden schließen und dann? Würde man Karlchen in ein Tierheim bringen?

Traurig schaute Karlchen mit seinen großen, braunen Knopfaugen Conny hinterher. Sicherlich fragte er sich, was er nun hier sollte. Und wo war sein Frauchen? Conny war das egal, sie hastete heim ins Warme. Samstagmittag. Wieder ein Wochenende, das sie allein verbringen durfte. Und das am 3. Adventswochenende. Seit ihr Hubert vor einem Jahr gestorben war, war sie sehr einsam. Sein ganzes Arbeitsleben hatte er auf der Zeche Prosper Haniel unter Tage verbracht und sich dieses kleine Reihenhaus hart erarbeitet.

Von ihrem Küchenfenster aus blickte sie in den Garten. Auf der Wiese lag Karlchens roter Ball, den er offenbar gestern durch die Hecke geschleppt hatte. Was Karlchen jetzt wohl machte? Er würde vergebens auf sein Frauchen warten, das sich in der Zwischenzeit vor dem Netto-Laden um seinen kleinen Schatz zu Tode ängstigen würde. Conny kochte sich Kaffee und holte ein Marzipanbrot aus dem Schrank. Am Küchentisch dachte sie darüber nach, wieso sie sich nicht besser mit ihrer Nachbarin, mit der sie ein halbes Leben lang Tür an Tür wohnte, verstand. Beide waren sie Witwen, aber leider mit ganz unterschiedlichen Interessen. Isabell war eine Tiernärrin, wogegen Conny lieber einen Mann an ihrer Seite hätte. Zum Weihnachtsfest einen neuen Partner! Das wäre ein Traum. Aber überall erlebte sie nur Pleiten.

Schräg gegenüber wohnte Markus Suttmeyer, ein städtischer Beamter, der vor gut einem Jahr ebenfalls Witwer geworden war. Der würde ihr gefallen. Sauber gepflegt, gut aussehend und schick gekleidet, nicht so ein Couch-Potato, wie sie ihren Mann zeitlebens genannt hatte. Markus hing in seiner Freizeit sicherlich nicht im befleckten Jogginganzug auf dem Sofa ab und wühlte in seinen Körperöffnungen. Allein seine Aussprache war formvollendet, meilenweit von der Ruhrpottsprache entfernt. Ja, so etwas liebte Conny. Des Öfteren zwang sie ihm ein Gespräch auf, wenn sie ihn traf. Sie besaß sogar die Dreistigkeit, bei ihm anzuklingeln und sich ein paar Eier zu leihen. Er lächelte jedes Mal distanziert, war kurz angebunden und verschwand schnell wieder von der Bildfläche.

Gegen Mittag läutete es an Connys Haustür. Davor stand die völlig aufgelöste, weinende Isabell. Schluchzend berichtete sie ihrer Nachbarin, was geschehen war, und bat sie um Hilfe.

„Conny, was soll ich bloß tun? Karlchen ist verschwunden. Man hat ihn vor dem Netto-Laden losgebunden und mitgenommen. Wer tut so etwas? Ob ich die Polizei verständigen soll? Hilfst du mir beim Suchen?“ Isabell zählte auf, wo sie überall nach Karlchen Ausschau gehalten hatte.

„Bei der Kälte? Ach nee, ich wollte heute nicht mehr raus. Der kommt schon wieder.“ Zack, knallte Conny der verzweifelten Isabell die Tür vor der Nase zu.

Am Nachmittag, als sie auf dem Sofa vor dem Fernseher saß und sich irgendeine heimatliche Adventssülze ansah, tat ihr ihr schroffes Verhalten leid. Fast war sie so weit, ihrer Nachbarin die Wahrheit zu sagen und ihr bei der Suche zu helfen. Gerade als sie sich ihren Mantel überziehen wollte, um bei Isabell Abbitte zu leisten, hörte sie Stimmen und Lachen von nebenan. Hatte Isabell etwa Besuch? Eine sonore Männerstimme und dazwischen das laute Bellen eines Hundes konnte sie vernehmen. War das etwa Karlchen? Wer hatte ihn gefunden? Conny fiel ein Stein vom Herzen. Sie hängte ihren Mantel zurück an die Garderobe und setzte sich ins Wohnzimmer. Zu gern hätte sie gewusst, wer sich nebenan aufhielt. Ob sie anklingeln sollte? Schließlich war sie vorhin nicht gerade freundlich zu ihrer Nachbarin gewesen.

Unruhig lief sie in die Küche, schaute nervös aus dem Fenster und traute ihren Augen nicht. Der kleine Hund, der sich durch ihre Hecke presste, war tatsächlich Karlchen. Er schaute zum Küchenfenster hoch und wedelte freudig mit der Rute, als er Conny sah. Er entdeckte seinen roten Ball, nahm ihn ins Mäulchen und machte sich auf den Heimweg. Bevor er sich jedoch erneut durch das Loch in der Hecke drückte, hinterließ er einen dampfenden Haufen. Würde Conny das ihrer Nachbarin erzählen, würde diese wie immer behaupten: „Nein, das kann nicht sein. So etwas macht Karlchen nicht."

Das Geschnatter von nebenan wurde lauter. Nun schaltete Isabell auch noch den DVD-Player an. Weihnachtsmusik war zu hören. „Driving home for Christmas" von Chris Rea.

Wer war dieser Besucher? Zweifelsohne ein Mann. Holte er sich den Finderlohn bei Isabell ab?

An der Tür zu läuten und sich nach Karlchen zu erkundigen, wagte Conny nicht. Sie entschied sich, einige Zeit später wenigstens bei Isabell anzurufen, um Interesse zu heucheln. Eine völlig aufgekratzte und wohl schon angeheiterte Nachbarin nahm den Anruf entgegen. „Rate mal, wer Karlchen gefunden hat, Conny! Herr Suttmeyer fand ihn. Markus Suttmeyer von gegenüber. Und nun rate mal wo? Vor dem Lidl-Markt war er angebunden und jammerte bitterlich. Das Geschäft hatte längst geschlossen. Niemand hat sich um den armen Hund gekümmert. Da kam zufällig Herr Suttmeyer vorbei, erkannte Karlchen natürlich sofort und brachte ihn gleich her. Ich muss jetzt auflegen, Conny, Markus und ich feiern das natürlich ein wenig."

Conny hörte, wie Isabell ihrem Besucher zurief: „Ich komme schon, Markus."

Per Du waren sie also auch schon! Was hatte sie bloß angerichtet?

# NIKOLAUSMARKT IN HALTERN

Bei fünf Minusgraden lief Klaus über den Nikolausmarkt in seiner Heimatstadt Haltern am See. Aber was sollte er hier auf dem Marktplatz, inmitten des Hüttenzaubers? Diese vielen herrlichen Buden, die nicht nur Speisen und Getränke feilboten, waren sehr verlockend. Aber ohne Geld? Er war schon seit längerer Zeit arbeitslos. Und das mit 45 Jahren. Regelmäßiger Arbeit nachzugehen, fiel ihm äußerst schwer, er hielt nie lange durch, fühlte sich schnell schlapp und krank. Kein Arzt konnte eine Krankheit diagnostizieren, alle zuckten nur mit den Schultern. Hin und wieder verdiente er sich mit Gelegenheitsarbeiten etwas dazu zu dem wenigen Geld, was Hartz IV ihm bescherte. Seine Eltern, die ihn als Schmarotzer bezeichneten, hatten ihn rausgeschmissen. Er hatte sich eine kleine Wohnung gemietet und lebte in den Tag hinein.

Für eine Bratwurst reichte seine Barschaft gerade so. Er hätte gern einen Glühwein getrunken und blieb vor dem Stand, an dem Hochbetrieb herrschte, stehen. An den Stehtischen drängten sich gut gelaunte Menschen, lachten, tranken und hatten Spaß. Ein Plakat, das an der Wand der Glühweinbude hing, machte ihn neugierig. Es wurde eine Aushilfe gesucht, die im Nikolauskostüm Werbezettel auf dem Markt verteilen sollte, um auf den Stand aufmerksam zu machen. „Gute Bezahlung“ stand darunter. Es dauerte nicht lange, da sprach der Chef der Bude ihn an, fragte, ob er Interesse an dem Job hätte. Gleich morgen könnte er anfangen. Samstag und Sonntag jeweils von 11 bis 21 Uhr. Als er die Frage, ob er einen Nikolausmantel besäße, mit Ja beantwortete, war er eingestellt. Okay, acht Euro die Stunde waren nicht die Welt, aber für zwei Tage Arbeit waren es immerhin 160 Euro. Wäre der Chef zufrieden, könnte er am nächsten Wochenende wiederkommen.

Erfreut machte er sich auf den Heimweg in die Zaunstraße, nur fünf Gehminuten von der historischen Altstadt entfernt, um in seinem Keller nach dem Nikolauskostüm samt Bart zu suchen. Vor Jahren hatte er mal in einem Kaufhaus tagelang den Nikolaus gespielt, was er in nicht allzu guter Erinnerung hatte. Taufrisch sah das Teil nicht mehr aus, musste er feststellen. Es kostete Klaus einiges an Überwindung, dieses ekelige Ding anzuziehen. Die Kapuze toppte den verklebten Bart. So ein Geruch. Klaus war kurz davor, sich zu übergeben. An den weißen Armstulpen des roten Mantels klebten zahlreiche vertrocknete Popel, wahrscheinlich von aufgeregten Kindern, die auf seinem Schoß gesessen hatten. Zum Glück waren sie nicht mehr frisch. Egal, sagte sich Klaus, da musst du jetzt durch.

Der wohlgenährte Glühweinbudenbesitzer sah ihn skeptisch an, als er am anderen Morgen in dem Mantel aufkreuzte. Er montierte das Pappschild, das auf den guten Glühwein hinwies und ziemlich schwer war, über der Kostümierung von Klaus, gab ihm einen Stapel Zettel und schickte ihn los.

„Du gehst auch ins Rathaus, dort wo sich der Kunstmarkt und das Café befinden. Überall verteilst du die Zettel, hast du gehört? Hin und wieder kannst du dir einen Glühwein holen, okay?“ Er klopfte Klaus auf die Schultern und dieser stapfte los.

Es war noch keine 12 Uhr, da überfiel Klaus eine bleierne Müdigkeit. Mit dem blöden Schild konnte er sich nicht mal auf einen Stuhl setzen, stellte er fest, als er sich in dem Café im Rathaus einen Moment ausruhen wollte.

Nachdem er die Werbezettel verteilt hatte, holte er sich einen Nachschub an Flyern an der Glühweinbude und einen Becher der warmen Flüssigkeit. Skeptisch beäugte ihn der Chef, der mit seinen drei Angestellten alle Hände voll zu tun hatte. Volles Haus, was sicher dem klaren, sonnigen Frostwetter geschuldet war. Als Klaus einen weiteren Glühwein verlangte, sich eine Brezel vom Ständer nahm und herzhaft hineinbiss, wurde der Chef ungeduldig. Er ermahnte ihn, weiterzuarbeiten. Die meisten Besucher verweigerten den Zettel, andere schmissen ihn gleich zu Boden und zeigten kein Interesse. Um 15 Uhr gähnte er vor sich hin, ging zum Chef und verlangte einen Vorschuss, um sich etwas zu essen zu kaufen. Dieser tippte sich an die verschwitzte Glatze und zeigte ihm einen Vogel.

Um 17 Uhr war Klaus ziemlich durchgefroren und rieb sich die Hände. Der Gestank des Mantels machte ihn fertig. Er wollte heim. Wieder holte er sich einen Becher Glühwein und aß ungefragt eine weitere Brezel. Als er um kurz vor 21 Uhr endlich das Schild von den Schultern nahm, taten ihm sämtliche Knochen weh.

Der Sonntag war noch schlimmer, da viel mehr Besucher auf dem Nikolausmarkt waren als am Tag zuvor. Mehr als lustlos ging Klaus mit den Flyern los, um sie den Leuten in die Hand zu drücken. Der ganze Tag eine einzige Qual, die er nur mit etlichen Bechern Glühwein aushielt. Die Vorfreude auf die 160 Euro, die er im Geiste schon eingeteilt hatte, ließ ihn durchhalten. Als er freudestrahlend seinen Lohn abholen wollte, gab es eine herbe Enttäuschung. Der Chef drückte ihm lediglich 100 Euro in die Hand.

„Das ist noch mehr als genug. Die meiste Zeit hast du dich in den Ecken herumgedrückt oder Glühwein gesoffen, einen Becher nach dem anderen. Und am nächsten Wochenende brauchen du und dein verklebter Mantel auch nicht wieder erscheinen."

Wütend und fluchend verließ Klaus den Markt und lief nach Hause, wo er sich erst einmal aufwärmen musste. Während er grummelnd vor dem Fernseher saß, schwor er sich Rache. Dem Kerl würde er es zeigen. So konnte der mit ihm nicht umgehen. Nicht mit ihm! Er kramte in seinem Medikamentenschrank und wurde schnell fündig. Eine Einwegspritze, 20 ml, war noch vorhanden, ebenso die Flasche mit der Abführmittel-Lösung. Er schmunzelte. Vor einem Jahr, als er sich von seinen Eltern ungerecht behandelt gefühlt hatte, präparierte er den geliebten Orangensaft seiner Alten mit dem Mittel, indem er es mithilfe der Spritze in den Tetrapack injizierte. Drei Tage verbrachten die beiden auf der Toilette. Der Glühweinchef mit der großen Knollennase würde schon sehen, wie sein Ruf litt, wenn sämtliche Kunden nach dem Genuss seines Weines Durchfall bekommen würden.

Am darauffolgenden Sonntag stürmten bei Frost und Sonne wieder Besucherströme den Nikolausmarkt in der Altstadt, besonders die Glühweinbude. Das wahnsinnige Gedränge um den Stand kam Klaus zugute. Unauffällig konnte er die aufgezogene Spritze in eine der am Boden stehenden 10-Liter-Bag-in-Box-Verpackungen stechen. Nach fünf Minuten wiederholte er das Ganze, nachdem er die Spritze, verborgen in einer Ecke, erneut gefüllt hatte. Und dann noch ein drittes Mal, schließlich sind aller guten Dinge drei. Der Glühweinbudenbesitzer hatte ihn, dank Pudelmütze und tief ins Gesicht gezogenem Schal, nicht erkannt. Er bekam auch nicht mit, dass er sich einige Mal an den Weinvorräten zu schaffen gemacht hatte. Kein Wunder, bei dem Gedränge.

Rasch machte sich Klaus vom Acker. Einige der Glühwein-Kunden würden schön ins Schwitzen kommen. Vergnügt ging er, nachdem er sich zwei Rostbratwürste genehmigt hatte, nach Hause in seine warme Wohnung. Kommt Zeit, kommt Durchfall, sagte er sich.

Am übernächsten Tag stand es in der Zeitung. „Mehrere Gäste nach Glühweingenuss an Durchfall erkrankt“, war die Überschrift des Artikels. Da hatte der Kerl tatsächlich an dem Sonntag den Wein aus drei großen Behältern verkauft. Bisher hatten sich 11 Erkrankte gemeldet, entnahm er gerade dem Regionalsender des Radios. Man vermutete, dass der Wein der Glühweinbude verseucht war. Die Kripo hätte Ermittlungen aufgenommen. Vorsichthalber würde am nächsten Wochenende, dem letzten vor dem Weihnachtsfest, der Glühweinausschank nicht stattfinden.

Für Klaus war der Tag gerettet. Das hatte der alte Geizkragen nun davon, sagte er sich. Er sah die Gerechtigkeit wiederhergestellt.

# PROGRESS MINOR TS

Laut wie ein Düsenjet fegte der Staubsauger durch unser weihnachtliches Wohnzimmer in der Dreizimmerwohnung einer alten Zechensiedlung in Gelsenkirchen-Erle. Fernsehen unmöglich. Am Griff dieser Monstermaschine hing meine Mutter mit hochrotem Kopf, als gehe es um ihr Leben.

Wozu hatte ich Ferien, wenn ich mich zu Hause nicht erholen konnte? Und alles wegen dem Minor TS von Progress, zweifarbig, türkis mit grau. Der alte Sauger, ein kleines, schmales Ding, hatte den Geist aufgegeben, nachdem unsere geistig minderbemittelte Nachbarin ihn sich ausgeliehen und damit den Mörtel aufgesaugt hatte, den ihr Küchenumbau verursacht hatte. Kein Wort der Entschuldigung folgte, keinen Pfennig hat sie herausgerückt, ihn einfach total ramponiert vor unsere Tür gestellt. Meine Mutter verfiel daraufhin in Depressionen. Ein halbes Jahr lang improvisierte sie, band einen feuchten Lappen um einen Besen und fegte den Teppich. Nervenschonend. Ruhe in unserer Altbauwohnung.

Er sollte ein Weihnachtsgeschenk für meine Mutter sein, der Minor TS. Der Fortschritt pur hielt bei uns Einzug, 1967 ausgezeichnet mit dem iF Product Design Award. Ausgerechnet der musste es sein. Unbedingt! Meine Omas, mein Vater und mein Bruder hatten zusammengelegt. Ich weigerte mich, mich daran zu beteiligen und entschied mich aus Kostengründen für eine winzige Flasche 4711, einschließlich übelriechender Seife. 150 DM kostete dieser Minor TS Anfang der 70er-Jahre. Viel Geld für so einen – wie ich fand unnötigen – Dreck!

Heiligabend. Chaos hoch drei schon gegen Mittag. Meine schwerhörige Oma war bereits da, steckte in alles ihre faltige Nase, gab Tipps, die keiner hören wollte. Mein Bruder hing mit roten Ohren vor dem Radio und ich wollte fernsehen, einfach nur fernsehen. „Der Teufel mit den drei goldenen Haaren“ lief, mein Lieblingsmärchen. Mein Vater stielte fluchend die Fichte ein und meine Mutter saugte mal wieder wie eine Verrückte. Schon den dritten Tag in Folge. Keine gute Idee, ihr den Sauger vor dem Fest auszuhändigen.

Am ersten Weihnachtstag lümmelte ich mich mal wieder auf dem Sofa und verweigerte den Verwandtenbesuch am Nachmittag bei irgendwelchen Vielfraßen. Nach dem anstrengenden Heiligen Abend mit der schwerhörigen Oma brauchte ich Erholung.

In einer Stunde wollten sie los zu den Buckligen. Gleich sollte der Spielfilm „Sissi“ beginnen, auf den ich mich wahnsinnig freute. Endlich würde ich Kaiser Franz wiedersehen, in den ich mich im letzten Jahr zum Fest bereits unsterblich verliebt hatte. Ach Franzl! Ich wäre ihm eine bessere Frau an seiner Seite gewesen. Bald wurde ich sechzehn Jahre alt und Sissi war damals auch nicht viel älter. Den bunten Teller in Position geschoben, Wolldecke bereitgelegt, heißen Kakao geholt und den Fernseher eingeschaltet. Mein Vater hockte in der Küche, mein Bruder war bei seiner Freundin. Und was machte meine Mutter? Sie machte den hässlich, grässlichen Minor TS startklar. Ich starrte das Ding an und konnte es nicht fassen. Heute am Feiertag wollte sie schon wieder herumsaugen? In ihrem roten Kostüm mit weißem Kittel darüber? Das war doch krank!

Gerade lief der Vorspann von „Sissi“. In meinem geräumigen Frotteeschlafanzug lehnte ich mich auf der Couch zurück. Es konnte losgehen. Nun stritten sie sich in der Küche. Wegen des Minor TS. Geschirrklappern drang zusätzlich bis ins

Wohnzimmer und nervte mich. Mein Vater verbot meiner Mutter, schon wieder Staub zu saugen. Sie möge die immensen Stromkosten bedenken!

„Willst du dich nicht mal waschen und anziehen?“, fragte meine Mutter, die wie ein Wiesel ins Wohnzimmer gelaufen kam. Bereits beim Mittagessen hatte sie mich damit genervt, wie ich denn herumlaufen würde. „Komm doch mit zu Onkel Egon und Tante Hetti“, forderte mich meine Mutter auf. „Wozu soll ich mich waschen? Ich bleibe schließlich heute zu Hause. Nein, ich will nicht zu den Prolls. Da wird ja doch nur gefressen und gesoffen. Und dieses elendige Geschnatter. Nee, lass mal.“

Sie schüttelte seufzend mit dem Kopf. „Ich will noch kurz durchsaugen, dann ziehe ich mich an“, meinte meine Mutter und ging zurück in die Küche.

Selbst in Schwarz-Weiß sah Franz-Josef einfach umwerfend aus, wie er da im Wald mit Sissi saß und sie ihm was auf der Zither vorspielte. Ich stellte mir vor, wie ich mitten im Stadtwald auf einem Baumstumpf sitzend einem Typen, den ich in unserem Jugendtreff kennengelernt hatte, was auf meiner Blockflöte vorträllern würde. Der würde auf der Stelle das Weite suchen. Und genau jetzt wollte meine Mutter saugen? Wo es gerade so romantisch war? Ich geriet in Panik.

Unter dem jämmerlich geschmückten Weihnachtsbaum, ganz in Silber, lag das scharfe Küchenmesser, das mein Vater gestern zum Einstielen des Baumes benutzt hatte. Ich starrte darauf und der Teufel in mir sprach: „Mach’ dem Minor TS den Garaus. Dann hast du Ruhe! Weihnachtliche Ruhe!“

So sprang ich von der Couch, griff das Messer und schnitt dem Minor TS, der mich traurig ansah, wie ich fand, den Saft ab. Ich hätte nicht gedacht, dass das kleine Messer es schaffen würde, das stabile Kabel zu durchtrennen. Direkt am Gerät setzte ich es an und ritsche-ratsche, ein paarmal kräftig geschnitten und die Schnur war ab. Nun war er kabellos und kostete keinen Strom mehr. Ruhe!

Franzl, ich komme. Mit der Schnur in der Hand wurde mir plötzlich heiß und kalt. Was hatte ich getan? Den Traum meiner Mutter zerstört. Hektisch wickelte ich das Kabel auf, lief zum Sofa und schmiss es voller Panik dahinter. Unschuld heuchelnd legte ich mich wieder hin. Mein Herz raste.

Meine Mutter kam angelaufen und wollte den Stecker ihres Lieblings in die Steckdose platzieren. Aber sie griff ins Leere. Stecker und Schnur gab es nicht mehr. Fassungslos starrte sie auf den kabellosen Minor TS und dann auf mich. Sie fing hysterisch an zu schreien. Mein Vater, der gerade dabei war, sich seine Krawatte zu binden, kam hinzu und machte mich lautstark nieder. Ich stritt alles vehement ab, was zwecklos war. Sie waren schließlich nicht blöd. Anstatt sich zu freuen, dass er nun keinen Strom mehr verbrauchte, schlug sich mein Vater auf die Seite meiner Mutter. Ob ich nicht wüsste, was das Teil gekostet hätte? Wie hart er dafür auf der Zeche arbeiten müsste? Ich hätte den Teufel in mir. Mein Schulrektor hätte völlig recht gehabt, als er mich in eine Besserungsanstalt nach Herford hätte schicken wollen. Und plötzlich fiel ihm ein, wie ich ihm, als er nach einer schweren Schicht schlafend auf dem Küchensofa lag, die Stopfnadel ins Bein gerammt hatte. Spätestens seit damals sei ihm klar gewesen, dass ich nicht alle Tassen im Schrank hätte.

Was sollte das, die alten Geschichten herauszukramen? Da war ich fünf Jahre alt gewesen. Der Apfel falle nicht weit vom Stamm, schmiss ich ihm an den hochroten Kopf und stopfte mir eine Pfeffernuss in den Mund.

Er schaltete tobend den Fernseher aus und verlangte lautstark mit gefletschten Zähnen die Herausgabe der Schnur. Schließlich forderte er mich auf, mir was Gescheites anzuziehen und zu meinem Opa, der ein paar Häuser weiter wohnte, zu laufen, um den Minor TS dorthin zu bringen. Opa, der alte Taubenvater, hatte schon manches wieder in Gang gebracht, was die Leute bereits aufgegeben hatten.

Also nichts mit Kaiser Franzl und weihnachtlichen Schmuseträumen. Kaum eine Stunde später trug ich den schweren Kasten zu meinem Opa. Ich hatte das Gefühl, jeder, dem ich auf der Straße begegnete, starrte mich an. Die dachten sicherlich, was für eine Durchgeknallte, rennt zu Weihnachten mit einem Staubsauger durch die Gegend. Noch nicht einmal weihnachtlich verpackt.

Ein paar Tage später lief er wieder, der gute Sauger. Mein Opa hatte ganze Arbeit geleistet. Freunde wurden der Minor TS und ich jedoch nie!

# KÖSTLICHER HERINGSSALAT

Die Abteilungsweihnachtsfeier der Witulski AG rückte näher. Der jährliche betriebliche Höhepunkt war nichts, auf das sich Nicole Offenburger freute. In diesem großen Unternehmen, das am Brüsseler Platz in Essen gegenüber dem Gruga-Messegelände seinen Standort hatte, war sie in der Finanzbuchhaltung als Sachbearbeiterin beschäftigt. Ein 16-stöckiger hochmoderner Gebäudekomplex mitten in der Essener Innenstadt. Die Pendelei von Gelsenkirchen-Bismarck nach Essen belastete Nicole. An manchen Tagen schaffte sie die 25 Kilometer in einer guten halben Stunde. Wenn im Pott alles dicht war, dauerte die Fahrt zur Arbeit auch schon mal knapp zwei Stunden.

Auf diese Zusammenkunft am letzten Arbeitstag vor dem Weihnachtsfest, die Tradition in der Abteilung war, hatte sie überhaupt keine Lust, Jeder der zehn Kolleginnen und Kollegen brachte zu dem ausgedehnten Frühstück etwas mit. Außer ihrem Chef Ottfried Kassemeyer, der sich an den weihnachtlich gedeckten Tisch setzte, drauflosfutterte, und die Speisen lobte oder bemängelte.

Nicoles Kartoffelsalat, zubereitet nach dem Rezept ihrer ostpreußischen Oma, kam immer sehr gut an. Die Zutaten, inklusive des frischen Matjesherings, hatte sie besorgt und wollte sich am Abend zuvor an die Arbeit machen. Da Kassemeyer sie jedoch mal wieder geärgert hatte, goss sie sich stattdessen lieber ein Glas Wein ein und dachte über die schmierigen Sätze nach, die er ihr an den Kopf geschmissen hatte. Die Überstunden, fast 100 an der Zahl, wollte er ihr nicht vergüten, dieses Ekelpaket. Alle hassten ihn und krochen ihm trotzdem in seinen ausladenden Hintern. Und wie er roch. Ein Gemisch aus Maggi Fondor und Aceton. Zum Abgewöhnen.

Noch ein Glas Rotwein und noch eins. Ihre Wut ließ sie umdisponieren. Inzwischen war es fast 20 Uhr und sie schaffte es gerade noch, in den gegenüberliegenden Aldi-Markt zu huschen und vier Päckchen billigen Heringssalat zu kaufen. Lustlos kratzte sie den Inhalt der Päckchen in eine Schüssel, gab zwei alte, fast verfaulte, zerkleinerte Äpfel dazu. Sie schnitt zwei Gurken klein, die zusätzlich für Säure sorgten. Keiner würde anzweifeln, dass es sich um einen selbst gemachten Salat handelte, nach dem Rezept der lieben Oma. Sie rührte und rührte, schaute dabei verträumt aus dem Küchenfenster. Ganz hinten konnte sie den angeleuchteten Förderturm der Zeche Consolidation in Gelsenkirchen-Bismarck erblicken. Dort, auf der stillgelegten Zeche, hatte ihr Opa gearbeitet. Von ihrer heilen Rama-Familie war niemand mehr da. Ihre Mutter und der Vater waren vor Jahren mit dem Auto verunglückt, ihr einziger Bruder an Krebs verstorben.

Sie öffnete den Küchenschrank und holte das Gläschen mit den Wacholderbeeren heraus. Ein toller Farbtupfer, diese ekeligen Beeren, dachte sie und gab lachend das halbe Glas in den Salat. Als sie das Gläschen zurückstellte, ging ihr Blick eine Etage höher zu ihren Medikamenten. Angetrunken wie sie war, griff sie grinsend das Döschen mit den Brechwurzel-Dragees, öffnete es und schüttete ungefähr 20 Dragees in den Salat. Ihre Mutter hatte ihr dieses Medikament gegeben, als sie an Magenschmerzen litt, mit dem Hinweis, nicht zu viele davon zu nehmen, da sie sich sonst übergeben müsste. Das war doch ideal! Sie dachte dabei nur an ihren Chef. Sie rührte alles kräftig um und stellte die Schüssel in den Kühlschrank. Die wahre Freude würde er haben, der alte Kassemeyer, wenn er mal ordentlich erbrechen würde. Sehr schnell fiel sie in einen tiefen Schlaf.

Die enttäuschten Kollegen begutachteten am anderen Morgen misstrauisch den nicht gerade appetitlich aussehenden Heringssalat, den Nicole als äußerst köstlich anpries.

„Was sind denn das für popelgrüne und weiße Beeren da drin?“, wollte ihre Kollegin Dagmar wissen.

„Wacholderbeeren. Noch von meiner Oma!“

„Weiße Wacholderbeeren?“ Dagmar war skeptisch.

„Na klar, was ganz Besonderes!“

Der Salat sah alles andere als köstlich aus. Die Apfelstücke waren inzwischen braun und die Gurken durchnässten ihn zusätzlich.

Und da kam er hereingeweht, Ottfried Kassemeyer, in seinem eitergelben gestreiften Uralt-Anzug. Er platzierte sich genau neben Nicole und sah sich suchend um.

„Wo ist denn der Kartoffelsalat, Frau Offenburger? Da habe ich mich schon so drauf gefreut.“

„Dieses Mal habe ich mich für einen Heringssalat entschieden“, versuchte sie den Chef zu überzeugen, indem sie die Zutaten schilderte und mehrmals betonte, dass sie diesen Salat ebenfalls nach einem Originalrezept der ostpreußischen Oma zubereitet hatte.

„Ich esse ja sehr gerne Fisch, doch der sieht nicht gut aus, dieser Salat.“ Kassemeyer griff stattdessen zu den Mettbrötchen, den heißen Würstchen und dem Reissalat von Dagmar. Abschließend zog er sich die Pyramide mit den Weihnachtsleckereien heran und stopfte sich Printen, Dominosteine und Pfeffernüsse in den breiten Mund mit den rissigen Lippen.

Die Geräuschkulisse in dem kleinen Raum war beträchtlich.

Im Hintergrund lief Weihnachtsmusik. In der Ecke präsentierte sich ein Weihnachtsbaum ganz in Gold. Die Kollegen waren allesamt gut drauf. Von dem tollen Heringssalat hatte noch niemand probiert.

Endlich verteilte der Chef die Weihnachtstüten, die er voller Stolz jedes Jahr an die Mitarbeiter verschenkte. Sie enthielten die billigsten Schokoladensüßigkeiten aus dem Aldi-Markt, die im Halse so herrlich brannten, sowie Nüsse, einen Apfel und eine Apfelsine.

„Ich hätte jetzt echt Appetit auf Nicoles Kartoffelsalat. Im nächsten Jahr bringst du den aber wieder mit, oder?“, wandte Sven sich an seine Kollegin. „Fisch ist nicht so meins.“ Mit verzogenen Mundwinkeln blickte er auf den Heringssalat.

„Das ist echt schade um den schönen Salat“, sprach der Chef grinsend und schaufelte drei große Löffel voll davon auf Nicoles Teller. „Sie wollen doch wenigstens davon probieren, oder? Die prall gefüllte Schüssel wieder mitnehmen, das wäre doch bedauerlich. Nun greifen Sie schon zu, Frau Offenburger. Vielleicht lasse ich mich ja doch noch überzeugen.“

Nicole hätte sich bei dem Anblick dieser graugrünen Masse am liebsten auf der Stelle übergeben. Das würde nicht einmal ein Straßenhund essen. Auf den winzigen Fischstückchen konnte sie mehrere der Brechwurzel-Dragees erkennen.

„Da ist sogar weißer Wacholder drin. Was ganz Kostbares“, erklärte Dagmar dem Chef, der angeekelt das Gesicht verzog und mit seiner rechten Pranke nachdenklich durch sein fettiges blondes Haar fuhr.

„Ich habe mal gegoogelt, Nicole, weißen Wacholder gibt es überhaupt nicht“, sprach Sven.

Plötzliche Stille im Raum. Alle Blicke waren auf Nicole gerichtet, die sich mutig eine Gabel voll von dem Salat in den Mund schob. Gut, dass sie am Abend nichts mehr vorhatte.

# DER OLLE MANTEL

Die Ungeheuerlichkeit seines Tuns wurde Tim Malinowski schlagartig bewusst, als er die Tür zum Sozialkaufhaus der Diakonie in Herten an der Langebochumer Straße in der Hand hielt. Ob es eine gute Idee war, hier einen Mantel für seine penible Frau zu kaufen? Sie hätte es verdient, sich einen neuen Mantel in einem ganz normalen Bekleidungsgeschäft auszusuchen. Aber sollte er ihr tatsächlich erzählen, wie schlecht es finanziell um die Eheleute stand? Dass ein teurer Mantel einfach nicht drin war? Sollte er ihr Weihnachten verderben? Im Januar war es noch früh genug, den Tatsachen in die Augen zu schauen und sich endlich einzugestehen, dass sie pleite waren. Warum musste er eine Riesen-Bürgschaft für seine kaufsüchtige Mutter unterschreiben? Ob sie das schöne Haus am Hertener Paschenberg verlassen mussten?

Tim schüttelte seine dunklen Gedanken ab und steuerte auf die Ecke mit den Mänteln zu. Schon vor einigen Tagen hatte er dieses rote, wunderschöne Teil entdeckt. Einen Mantel wie ihn die Nachbarin trug, wollte seine Heike haben. Und genau so einer hing hier. Ein roter doppelreihiger Wollmantel von Gucci mit fallenden Revers und zwei großen Vordertaschen. Die goldfarbenen Knöpfe trugen das Gucci-Logo. Er griff in den traumhaft weichen Stoff. Ein Traum von Mantel, der neu 2500 Euro kostete. Das hatte er bei Google recherchiert. Warum gab man so einen Mantel in ein Sozialkaufhaus? Nur 300 Euro sollte er kosten. Wieso hat die Trägerin ihn nicht für deutlich mehr Geld bei Ebay verkauft? Oder stammte er vielleicht aus einer Erbmasse und der Wert war den Erben nicht bekannt? Es war kein Nachahmermodell, wie ihm die Verkäuferin mehrfach versicherte. Es liege vielleicht an der Größe 44, meinte sie. Welch korpulente Person trage einen so auffälligen taillierten Mantel?, setzte sie hinzu. Wollte sie damit sagen, dass seine Gattin eine mollige Frau sei? Und wenn schon, er liebte jedes Pfund an seiner Heike. Auch wenn es ihm noch so schwerfallen würde, die 300 Euro locker zu machen, sie sollte ihn haben, diesen Mantel. Sollte die eingebildete Moni-Nachbarin einmal sehen, dass nicht nur sie sich solch ein Teil leisten konnte. Arrogante Kuh.

Tim konnte Heikes leuchtende Augen am Heiligen Abend, wenn sie den Mantel auspacken würde, direkt vor sich sehen. Vor Freude würde sie Verzückungsschreie ausstoßen.

Er ließ sich den Mantel an der Kasse gut in neutrales Papier verpacken und legte seine Errungenschaft in den Kofferraum. Die ganze Rückfahrt über dachte er nach, wo er ihn bis zum Fest verstecken könnte, immerhin waren es noch drei Wochen bis dahin. Ihm würde schon etwas einfallen.

Harmonisch saß das Ehepaar am Abend bei Dominosteinen, Pfeffernüssen und Glühwein zusammen auf dem Sofa und genoss die Zweisamkeit der Adventszeit. Tim löste ein Kreuzworträtsel, während er eine Tiersendung im TV anschaute. Heike klapperte mit den Stricknadeln und lächelte ihn verschwörerisch an. Wieder einmal Überraschungssocken, dachte Tim nur und nahm es mit Humor. Eine ganze Schublade voll hatte er von diesen äußerst bunten und kratzigen Socken.

Nebenbei erzählte Heike ihm, dass es Moni gar nicht gut gehe. Sie hätte schon wieder abgenommen. Kein Arzt konnte anscheinend feststellen, was der armen Nachbarin fehle. „Das kommt von der Körnerfresserei“, meinte Tim, während Heike überzeugt war, dass das vegetarische Essen der Grund war. Bei den Nachbarn waren Fleisch und Wurst verpönt, was Heike und Tim belächelten.

„Dicken Wagen mit Stern fahren, aber nicht mal eine Weihnachtsgans auf dem Tisch“, meinte Tim gehässig und beide lachten.

Weihnachten rückte näher. Am Heiligen Abend schneite es sogar. Der Weihnachtsbaum erstrahlte wie in jedem Jahr im Glanz der alten weißen Kugeln. Nach dem Gottesdienst servierte Heike Kartoffelsalat und Würstchen und das Ehepaar Malinowski setzte sich an den hübsch gedeckten Tisch. Dazu tranken sie einen Spätburgunder aus der Pfalz und unterhielten sich wieder über die Moni-Nachbarin, die seit einigen Tagen im Krankenhaus lag. Die gesamte Nachbarschaft zerriss sich das Maul über die schwer kranke Frau.

Dann endlich ging es zur Bescherung! Voller Vorfreude schleppte Tim das große Paket hinein, das er in der Garage aufbewahrt hatte, und legte es unter den Tannenbaum. Er starrte auf zwei kleine Päckchen, die für ihn bereitlagen. Kinder hatte das Paar keine und mit ihren Eltern sowie mit seiner Mutter waren sie seit Jahren zerstritten. Trotzdem hatte Tim für seine Mutter diese Bürgschaft unterschrieben, was er nun bitter bereute. Er hatte mal wieder nicht „Nein“ sagen können.

Nachdem Tim seine Geschenke ausgepackt und sich hundert Mal für den Nasenhaarschneider und die Geldbörse bedankte hatte, stürzte sich Heike auf das große Paket, riss hektisch das bunte Papier ab und hielt ihn endlich in den Händen. Den tollen Gucci-Mantel. Das Lächeln wich aus ihrem Gesicht. Zuerst war sie vor lauter Freude geschockt. Sprach immer wieder nur: „Aber Tim!“ Als sie ihn auseinanderfaltete und auf die goldenen Knöpfe starrte, wobei ihr einer besonders ins Auge stach, ließ sie ihn zu Boden fallen und brach in Tränen aus. „Tim, wie konntest du nur?“

„Was ist denn los?“ Tim verstand die Welt nicht mehr.

Heike hob den Mantel auf, befühlte jeden einzelnen der Knöpfe. Der links unten, bei dem das G total zerkratzt war, was Tim gar nicht bemerkt hatte, hatte es ihr besonders angetan.

„Wie konntest du nur?“, wiederholte Heike sich.

„Ja, was ist denn los?“ So langsam reichte ihm diese theatralische Show, die seine Heike abzog.

„Diesen Mantel kenne ich. Der gehörte Moni. Ich kenne doch den zerkratzten Knopf. Wo hast du ihn her? Hat sie ihn dir geschenkt? Weil sie ihn nicht mehr braucht? Was musstest du dafür tun?“

„Quatsch! Wieso sollte dieser Mantel Moni gehört haben? Okay, er ist gebraucht. Neu kostet so ein Mantel 2500,00 Euro. Das können wir uns nun mal nicht leisten. Da habe ich ihn gebraucht gekauft. Ich dachte, du freust dich.“ Enttäuscht schaute Tim seine Frau an.

„Ich soll mich darüber freuen, einen Mantel meiner Nachbarin, der ihr nicht mehr gut genug war, aufzutragen? Bei dir piept es wohl.“

„Das wusste ich nicht. Ich habe ihn aus dem Sozialkaufhaus. Wer sagt denn, dass es sich nicht um einen Zufall handelt, dass ausgerechnet dieser Knopf beschädigt ist?“

Der Schock saß tief. Heike war sprachlos, setzte sich aufs Sofa und goss sich ein weiteres Glas Wein ein, während der Song *Last Christmas* der Gruppe Wham aus dem Radio erklang.

„Wenn er neu gewesen wäre, hätte ich mich gefreut. Aber so?“ Heikes schaute immer wieder auf den Mantel.

„Woher soll ich 2500,00 Euro nehmen? Wir haben nichts mehr. Absolut nichts." Mit Tränen in den Augen erzählte Tim Heike die Geschichte von der Bürgschaft und den immensen Schulden.

Auch Heike kamen die Tränen. „Ich kann ihn nicht tragen, das musst du doch verstehen."

„Wieso nicht? Du hast doch eben gerade beim Essen erzählt, das Moni es nicht mehr lange macht. Im Krankenhaus hat man eine böse Krankheit festgestellt und ihre Tage sind gezählt. Deshalb wird sie den Mantel verkauft haben. Was meinst du, wie schnell Gras über die Sache gewachsen ist? Nach der Beerdigung wird kein Mensch mehr vermuten, dass der Mantel Moni gehört hat, wenn du damit die Straßen entlangläufst wie die Dame von Welt."

Heike sprang vom Sofa auf, trocknete ihre Tränen, hob den Mantel auf und zog ihn an. In der Diele vor dem Spiegel bestaunte sie sich. Sie musste zugeben, er saß hervorragend. Wie für sie maßgeschneidert. Dieses warme Rot, dazu die blondgelockten Haare. Einfach traumhaft fand sie sich.

Tim schmunzelte. Ein bisschen wie ein korpulenter Nikolaus, schaut sie aus, dachte er. Natürlich sagte er nichts.

„Vielleicht hast du recht! Aber ich werde ihn erst nach der Beerdigung anziehen, sonst wäre es irgendwie geschmacklos. Findest du nicht?"

„Wieso? Ich habe ihn rechtmäßig erworben und bezahlt. Da kannst du ihn auch tragen. Auch zur Beerdigung."

Heike warf sich Tim an den schmalen Hals und drückte ihn kräftig.

„Bist ein Schatz! Danke!"

# SPARFEST

Heiko saß seit einiger Zeit auf dem durchgesessenen Sofa im Hinterzimmer seines Kiosks – einer von 8000 Kiosken im Ruhrgebiet – an der Neuessener Straße in Essen-Karnap. 6. Dezember, Nikolaustag, eisig kalt, es schneite dicke Flocken. Der erste Kundenansturm war vorüber. Die Menschen, die auf dem Weg zur Arbeit bei ihm hielten, um sich ein belegtes Brötchen, eine Frikadelle, Zigaretten oder eine Flasche Cola mitzunehmen, hatten heute für guten Umsatz gesorgt. 20 Brötchen hatte er verkauft, mit Aufschnitt und Salami, und ebenso viele Frikadellen gingen über die Theke. Bevor gegen elf Uhr der zweite Ansturm kam, sollte er ein wenig aufgeräumt haben. Er starrte auf den nostalgischen Sparkasten an der gegenüberliegenden Wand. Einmal die Woche kamen seine Stammkunden und stopften Geld in ihr kleines Fach. Geld, das sie sich vom Munde abgespart hatten, um beim Sparfest kurz vor Weihnachten, wenn sie den Erlös vom ganzen Jahr ausgezahlt bekamen, die Sau rauszulassen. Er schaute auf die Uhr. Noch acht Stunden, dann würde die Sparerfraktion auf der Matte stehen, um, wie jedes Jahr, zu feiern, bevor sie, steif wie die Haubitzen, mit ihren Penunsen abziehen würden.

Sparfest! Heute! Wieder schaute er auf den alten verrosteten Kasten mit seinen 60 Fächern. Damals, vor drei Jahrzehnten, kamen jede Woche zwei Herren von der Sparkasse vorbei, um die Fächer zu leeren. Irgendwann war das für die Bank nicht mehr rentabel und Heiko übernahm allwöchentlich die Sache mit der Leerung, legte bei der Bank ein

Konto an, notierte akribisch genau die Einnahmen aus den Kästchen. Gestern waren einige seiner Freunde im Kiosk gewesen und hatten ihre Fächer vollgestopft. Bevor die Bande Feierfreudiger anrücken würde, musste er den Kasten leeren, um genau zu notieren, was jede der alten Pappnasen erhalten würde. Normalerweise hatte er bei den Leerungen einen Zeugen dabei, seine Frau Laura-Jane oder seinen Sohn Levin, doch hatten beide wenig Lust, sich das Zählschauspiel anzusehen. Laura-Jane – ihre Mutter hatte wohl zu viel Howard-Carpendale-Songs gehört – stopfte sich schon mal, wenn er nicht hinsah oder nach vorne ging, um einen Kunden zu bedienen, einen 50-Euro-Schein in ihren großen Büstenhalter. Sie dachte, er würde es nicht merken.

Heute Abend wollte Laura-Jane ihm helfen, Leute bedienen, Getränke ausschenken, Würstchen heiß machen und Brötchen schmieren. Die Frikadellen für die Party hatte sie gestern Abend gebraten. 30 Leute hatten sich angemeldet, die meisten besaßen zwei Sparfächer. Eng würde es werden in seinem typischen Ruhrpott-Kiosk. Vorne im kleinen Verkaufsraum und in seinem Hinterzimmer würden sie sich tummeln, blöd labern: „Hömma, hasse schon gehört …, weiße noch, der Olle damals … hähähä.“ Saufen und futtern würden sie. Kalle würde der Biggi an den Busen fassen, später küssen und gar nicht merken, dass sie seinen Umschlag leerte. Nichts war umsonst. Vor einigen Jahren hatte er dieses Sparfest in dem Hinterzimmer der Eckkneipe stattfinden lassen, doch das rechnete sich irgendwann nicht mehr. Die Kneipe an der Ecke verlangte für Raum und Essen viel Geld. In seinem Kiosk kostete es wesentlich weniger, da er ja alles selbst herrichtete.

Heiko starrte lustlos auf die Pakete mit Bonbons, Schokolade und Chipstüten, die er langsam mal einräumen sollte. Allein

15 Kästen Bier hatte er für heute herangeschleppt, von den anderen alkoholischen Getränken ganz zu schweigen. Dazu 18 Pfund Hackfleisch und 15 Dosen Riesenknacker besorgt. Der Käseigel, den Laura-Jane gestern zubereitet hatte, sah ziemlich alt aus. Die Gurken auf den begrapschten Käsewürfeln waren vertrocknet, die Mandarinenscheiben hingen herunter wie tote Ratten über einen Zaun. Eine Schale mit Weihnachtsgebäck der billigsten Sorte stand seit Tagen bereit.

Blödes Sparfest! Blöder Kiosk! Dass der so viel Arbeit machen würde, hätte Heiko nicht gedacht, als er ihn damals gepachtet hatte. Ein Rund-um-die-Uhr-Job von morgens sechs Uhr bis spät in den Abend.

Nur wenig Licht fiel durch die Glasbausteinwand in das Innere des kleinen Raums. Er konnte sich einfach nicht aufraffen und mit der Arbeit beginnen. Auf dem Tisch lagen die Umschläge für die Sparer, der Taschenrechner und seine verschmierte Kladde. Behäbig stand er vom Sofa auf, nahm sich eine Frikadelle, schob sie sich lustlos fast ganz in den Mund und kroch unter das Sofa, um die alte Keksdose hervorzuholen. Schon wochenlang hatte er nichts mehr bei der Bank eingezahlt, aus Bequemlichkeit. Die Riesendose tat es doch auch. Das, was noch auf dem Konto war, hatte er gestern bis auf einen Euro abgehoben. Insgesamt fast 12.000 Euro befanden sich unter dem Deckel mit dem grinsenden Weihnachtsmann. Er würde die 1000 Euro verrechnen müssen, die er sich vor einigen Wochen geliehen hatte, als er mal wieder klamm war. Bloß wie?

Er strich dem albernen Weihnachtsmann über die Mütze, drückte die Dose an sich und setzte sich wieder. Ruckzuck würden die Penner einen Teil ihres Geldes versoffen haben. Und er? Was blieb ihm? Der Gewinn aus dem Getränke- und Wurstverkauf. Lächerlich.

Die Türglocke ertönte und Kundengeschnatter war zu hören. Mühsam begab er sich nach vorne in den Verkaufsraum. Der zahnlose Michael und Norbert mit seiner Seborrhö-Frisur standen vor der Theke und verbreiteten einen üblen Geruch.

„Is bald so weit, näh?“, sprach Michael und befummelte mit seinen schmutzigen Händen das kleine bunt blinkende Tannenbäumchen auf der Theke. Er schickte seinen Worten ein blödes Lachen hinterher.

„Die Kohle kann ich gebrauchen. Echt, jetzt!“ Norbert wühlte sich mit der rechten Hand in seinem fettigen Haar.

Heiko verkaufte den beiden jeweils eine Frikadelle und eine Flasche Bier, begab sich wieder nach hinten und pflanzte sich auf das Sofa. Verzweifelt hielt er sich die Hände vor sein Gesicht und stöhnte. „Nein, nein, nein“, schrie alles in ihm. Kein Sparfest. Ich will nicht! Eine andere Stimme in ihm sprach: „Die Menschen vertrauen dir, enttäusche sie nicht!“

Hätte er damals nicht Laura-Jane geschwängert, würde er nach wie vor bei der Versicherung arbeiten und hätte bestimmt Karriere gemacht. Doch als Levin das Licht der Welt erblickte, jammerte Laura-Jane, dass er zu wenig verdienen würde, sodass er sich entschied, diesen Kiosk zu pachten, weil angeblich sehr viel dabei herumkommen würde. Das war jedoch ein Trugschluss gewesen. Wie lange hatte er keinen Urlaub mehr gemacht? War die letzte Auszeit acht Jahre her oder gar zehn? Er schloss die Augen, lehnte sich nach hinten und träumte von einem sonnigen Strand und vom süßen Nichtstun. Keine keifende Frau, kein fauler Sohn. Nur Ruhe!

Gegen 15 Uhr hatte er erst drei Umschläge mit dem Spargeld befüllt. Dauernd ging die Türglocke und Kundschaft stand vor der Theke. Wie sollte er es bloß bis zum frühen Abend schaffen? Außerdem wusste er nach wie vor nicht, wie er sein Manko verbuchen sollte. So blöd seine Kunden auch waren, sie würden merken, wenn im Umschlag etwas fehlte.

Um 16 Uhr wusste er noch immer keinen Rat. Wenig später hatte er plötzlich eine Eingebung, sprang vom Sofa auf, holte den Rest der Gelder aus den Sparfächern, gab alles zu dem anderen in die Dose und nahm das Geld aus den Umschlägen, die er bereits gefüllt hatte. Aus dem alten Spind in der Ecke holte er seine alte, bereits gepackte Sporttasche, die er für alle Fälle deponiert hatte, und schmiss die Dose mit den Euros hinein. Anschließend ging er nach vorne in den Verkaufsraum, schloss die Tür ab, drehte das Schild mit dem „Bin gleich wieder da“ um und hatte es plötzlich sehr eilig.

Er verließ den Kiosk durch den Hinterausgang, bestieg seinen alten Daimler und fuhr vom Hof. Sein Herz begann heftiger zu schlagen. Kein Sparfest! Keine betrunkenen Kunden, keine dumm labernden Weiber. Ganz automatisch, wie von einer äußeren Macht gelenkt, fuhr er Richtung Düsseldorf. Natürlich zum Flughafen. Irgendeine Maschine würde ihn in den Süden bringen, war er sich sicher. Wie lange würde er von ungefähr 12.000 Euro am Strand liegen können? Danach würde er sich einen Job suchen. So einen wie den an seinem Kiosk würde er jederzeit finden, sagte er sich. Nicht ein einziges Mal dachte er an Laura-Jane oder an den Levin-Sohn.

Als der Flieger gegen 20 Uhr abhob, um ihn nach Mallorca zu katapultieren, grinste er kurz und dachte an das Sparer-Volk, das vor seinem Kiosk stehen und nicht kapieren würde, was los war.

Danke, meine Freunde! Danke für die schöne Zeit, die ihr mir bescheren werdet.

Frohe Weihnachten!

# SUIZID IM STADTWALDTEICH

Seit einer Stunde lief ich durch die Straßen in Richtung Stadtwald. Ein eisiger Wind wehte am 1. Adventssonntag. Schnee lag in der Luft. Schon zwei Wochen lang hatten wir erhebliche Minusgrade. Nach wie vor spürte ich einen unbändigen Zorn in mir. Wie lange wollte ich mir das noch gefallen lassen? Diesmal war sie eindeutig zu weit gegangen. Sie meinte wohl, weil sie vor Kurzem Witwe geworden war, rechtfertigte das alles, was sie sich erlaubte. Irene Gutzeit, ein Teufel vor dem Herrn, mit strenger grauer Knotenfrisur, die ihre Frömmigkeit unterstreichen sollte. Ihr Mann konnte froh sein, das Zeitliche gesegnet zu haben. Wie der arme Kerl zu Lebzeiten von seiner Holden schikaniert wurde, war nicht ohne.

Kein Auge hatte ich gestern Abend wieder zugetan, so laut lief ihr Fernseher. In der Mittagszeit hatte sie ihre Kirchenmusik gehört, ebenfalls volle Kanne. Choräle vom Allerfeinsten. Was macht man mit so einer Nachbarin? Wie oft hatte ich es im Guten versucht, nachdem mein Sohn gesagt hatte: „Rede mit ihr. Das kann doch nicht so schwer sein."

Sie wurde jedoch nur böse, schrie mich an, dass sie schlecht hören würde und ich ihr nicht verbieten könnte, ihren Fernseher einzuschalten. Auch ihr Radio müsste so laut gestellt sein, damit sie etwas verstand. Schlecht hören war gut. Ich musste lachen. Sie war so gut wie taub. Hinzu kam, dass sie äußerst nachtaktiv war und sich beispielsweise mitten in der Nacht Suppe kochte und dabei lautstark sang. Des Öfteren fiel ein Gegenstand zu Boden und der Krach ließ mich senkrecht in meinem Bett stehen. Mein Schlafzimmer grenzte nämlich an ihre Küche. Dann die dünnen Wände. Sozialer Wohnungsbau eben. Gespräche mit ihren Kindern, die oft zu Besuch kamen, brachten nichts. Ich würde die alte, äußerst depressive Frau nur schikanieren, da waren sie einer Meinung.

Essenreste schmiss sie vom Balkon, direkt in die Sträucher darunter. „Kommt, ihr lieben Vögelchen, kommt", rief sie dabei. Nudeln hingen wie Lametta in den Zweigen. So lange, bis die Ratten auf den Plan kamen. Ihre altmodischen stinkigen Schuhe standen allesamt im Treppenhaus.

Einen Umzug konnte ich mir nicht leisten und an und für sich wohnte ich gerne in der Siedlung. Das Problem musste ich anders lösen. Wo wollte ich eigentlich hin? Ich ging weiter, dem Stadtwald entgegen. Ob der kleine See bereits zugefroren war? Mein Gesicht war von der eisigen Kälte fast steif gefroren. Trotzdem tat es gut, mir den Frust von der Seele zu laufen. Die Ortbeckstraße überquert und schon befand ich mich mitten im kahlen Wald. Wie idyllisch: Das alte Forsthaus, dessen Fenster weihnachtlich angeleuchtet und geschmückt waren, lag hinter dem See mit seiner dünnen Eisschicht. Sie würde sicherlich nicht tragen. Ich entschied mich, ihn zu umrunden und vielleicht in der Waldschenke einzukehren, um einen Kaffee zu trinken. Als ich das Forsthaus passierte, schaute ein kleines Kind aus dem Fenster und winkte mir zu. Meine Kinder waren längst erwachsen und Enkel hatte ich nicht. Ob mein Leben aufregender sein würde, wenn ich Kinder um mich hätte? Stattdessen war ich einsam. Seit ich mich im Ruhestand befand stärker als zuvor. Nein, depressiv wie die alte Gutzeit war ich nicht, wusste jedoch oft nichts mit mir anzufangen.

Gesundheitlich war ich stark angeschlagen. Besonders mein quälender Tinnitus machte mir Sorgen. Aber wie sollte der sich bei dem Krach aus der Nachbarswohnung bessern? Auf den Vorschlag, sich ein Hörgerät anzuschaffen, reagierte sie hysterisch, schrie herum, dass mich das einen feuchten Kehricht angehen würde.

Mit einer völlig überzogenen Wut im Bauch lief ich dem Wind entgegen, weiter und weiter. Und das in der Adventszeit, die gerade begonnen hatte. Ich dachte nach, was ich tun könnte, um die Alte zum Schweigen zu bringen. Nein, ich wollte sie nicht umbringen. Gott bewahre! Ich wollte einfach nur meine Ruhe haben. Vor allem abends und nachts. Das war doch nicht zu viel verlangt. Ich beobachtete kleine Kinder, die am Rande des Sees standen und mit ihren Stiefeln testeten, ob das Eis sie tragen würde.

Ich entschied mich gegen den Lokalbesuch und machte mich wieder auf den Heimweg. An der kleinen Holzbrücke sah ich von Weitem eine kümmerliche Person in einem uralten karierten Mantel übers Geländer gebeugt stehen, die ins Wasser starrte. Sie trug eine lila Mütze, groß wie ein Kanaldeckel. Um den Hals einen knallroten verschlissenen Schal. Die Klamotten kannte ich. Das konnte nur meine liebe Nachbarin Irene Gutzeit sein. Wer sonst lief so herum? Die asthmakranke Frau hustete sich die Lunge aus dem Hals und warf sich dabei über das Geländer. Ich schmunzelte, meine Wut verrauchte ein wenig und wandelte sich tatsächlich in Mitleid um. Diese arme Kreatur, dachte ich nur. Als ich auf sie zuging, schaute sie mich aus Augen, groß wie Wagenräder, verängstigt und gleichzeitig wütend an. Wollte sie hier und heute ihrem Leben ein Ende setzen?

Ich blieb neben ihr stehen. Sie zu begrüßen unterließ ich. Ein Lächeln musste genügen.

Sie hingegen legte sofort los. „Ach, schau an. Was wollen Sie denn hier? Sind Sie mir hinterhergelaufen? Wollen Sie zusehen, wie ich mir das Leben nehme? Wie ich mich in den See stürze, um dann elendig zu ertrinken? Ich kann nämlich nicht schwimmen." Ihre dunklen Augen bohrten sich in mein Gesicht.

Genervt rollte ich mit den Augen. „Der See ist hier an der Brücke nicht tief. Hier kann man nicht ertrinken." Oder vielleicht doch, keimte Hoffnung in mir auf.

„Ich schon. Das würde Sie doch freuen. Dann haben Sie endlich Ihre Ruhe", schrie sie mich an.

Ich atmete tief durch. „Hören Sie, Frau Gutzeit! Ich will nur in Frieden leben. Mehr nicht. Einfach nur meine Ruhe haben. Ich kann die lauten Geräusche aus Ihrer Wohnung nicht mehr ertragen. Die dunklen Töne aus dem Fernseher, die durch die Wand dringen. Dann diese furchtbaren Choräle. Das ist einfach nicht auszuhalten." Ich sprach sehr laut und deutlich, da ich wusste, dass sie fast taub war.

Sie grinste und hatte anscheinend alles verstanden. „Nur weil Sie die Flöhe husten hören, soll ich mich leise verhalten? Beschweren Sie sich doch beim Vermieter." Ein erneuter Hustenanfall ließ sie jede Menge Schleim auswerfen, übers Brückengeländer, direkt auf den zugefrorenen See.

„Das habe ich schon mehr als einmal getan. Vergebens. Der unternimmt nichts."

„Ein guter Mann ist das. Gott habe ihn selig."

„Gott habe ihn selig", völlig unpassend, da er noch lebte, gepaart mit ihrem unverschämten Grinsen, ließ mich ausrasten. Ich atmete ein paarmal tief durch, aber ich konnte und wollte mich nicht beruhigen. Heute Abend lief das „Traumschiff" im Fernsehen. Ich würde kaum etwas verstehen, weil die Alte sich für ein anderes Programm entscheiden würde.

Die Advents- und Weihnachtszeit lief in meinem Kopf wie ein Film ab. Ich sah schwarz, wenn ich an die lauten Abende und Nächte dachte. Gleichzeitig sah ich rot.

Bei ihrer nächsten Hustenattacke – wieder beugte sie sich weit über das Geländer – bückte ich mich schnell, fasste ihre sehr schmalen Fesseln, die aus Halbschuhen herausschauten, packte kräftig zu und hob das Fliegengewicht an, um es mit einem kräftigen Hieb über das Brückengeländer zu schmeißen. Der bemützte Kopf knallte auf das Eis, das auseinanderbrach und die dünne kreischende Gestalt aufnahm, um sie im Wasser verschwinden zu lassen. Mit den Armen fuchtelte sie wie eine Irre. Sie schrie wie von Sinnen um Hilfe, doch niemand hörte sie, wir waren allein auf weiter Flur, die Kinder waren weit und breit nicht zu sehen.

„Ich werde Sie anzeigen." Eine drohende Faust ragte aus dem Wasser.

„Dazu wird es nicht mehr kommen. Außerdem wollten Sie doch sowieso sterben. Nun habe ich Ihnen die Arbeit abgenommen. Sie können mir dankbar sein."

Befreit lief ich nach Hause. Eine Sorge weniger, sagte ich mir wieder und wieder. Ruhe, nichts als Ruhe, würde ich ab sofort haben. Oh, du herrliche Weihnachtszeit!

Zu Hause angekommen und völlig durchgefroren, kochte ich mir erst einmal einen Kakao, schnitt mir eine Scheibe Stollen ab und zündete eine Kerze am Adventskranz an. In drei Stunden würde das „Traumschiff" in See stechen und ich würde jedes Wort verstehen können. Nein, ich verspürte keine Reue.

Kurz vor 20 Uhr klingelte es an der Wohnungstür, gleichzeitig hörte ich ein Klopfen. Wer stand vor der Tür?

Die Alte wird doch nicht … Es war ihr Sohn, das Ebenbild der alten Schachtel, nur jünger. Er grüßte kurz und sogar halbwegs freundlich.

„Ich wollte Ihnen nur Bescheid geben, dass meine Mutter ins Krankenhaus eingeliefert wurde. Man hat sie aus dem Stadtwaldteich gezogen. Ins Eis ist sie eingebrochen. Zum Glück haben Kinder sie entdeckt. Ob sie hineingefallen ist oder absichtlich ins Wasser ging, weiß ich noch nicht. Es sieht jedenfalls nicht gut aus. Sie liegt auf der Intensivstation. Wenn sie die Nacht übersteht, dürfen wir hoffen."

Ich war sprachlos, ließ irgendwelche leisen Besserungswünsche aus meinem Mund fallen und schloss die Tür wieder. Auf diese Nachricht musste ich mir ein Likörchen gönnen, vielleicht auch zwei.

# WELLENSITTICH FÜR ARME

Früher, ja früher war man dankbar, freute sich über ein noch so kleines Geschenk. Geld spielte in Heidis Familie stets eine große Rolle. Warum? Weil nie welches da war. Ihr Vater trank gerne Alkohol und war arbeitsscheu. Fünf Kinder und eine Frau zu ernähren, dazu fehlte ihm die Energie. Ihre Mutter schuftete auf dem Wochenmarkt, der gnädige Herr machte zu Hause keinen Finger krumm. Auch nicht zu Weihnachten. Da konnte ihre Mutter sehen, wie sie von dem wenigen Geld etwas auf den Tisch zauberte. Geschenke für die Kinder? Irgendeinen gebastelten Dreck.

„Macht hoch die Tür, die Tor macht weit,

es kommt der Herr der Herrlichkeit …"

Dieses Lied mochte ihr Vater am liebsten und er sang kräftig mit, wann immer er es hörte. Fühlte er sich als Herr der Herrlichkeit, dieser Versager?

Heidi hasste dieses Lied. Genauso wie sie ihren Job als Lebensmittelverkäuferin gehasst hatte. Deshalb war sie gar nicht so unglücklich, als Robert – den sie auf einem Schützenfest kennengelernt hatte – nach ihrer Eheschließung verlangte, dass sie im Spar-Markt kündigen sollte. Sofort! Sie kam jedoch vom Regen in die Traufe. Okay, gearbeitet hat er, dieser lahme Robert, das war aber schon alles. Ansonsten war er glücklich, samstags mit seinem Kumpel zum Angeln an den Kanal zu fahren und jeden Abend zwei Flaschen Bier zu trinken. Als bei ihm der Wunsch nach Kindern aufkam, stellten sich Heidis Nackenhaare auf. Kleinausgaben von diesem Versager um sie herum? Niemals!

Einen Tag nach dem 40. Hochzeitstag gab er den Löffel ab. Am 1. Weihnachtstag vor drei Jahren schnaufte er einmal kräftig und kippte anschließend vom Stuhl. Herzversagen. Als wenig später der Rentenbescheid ins Haus trudelte – Robert hätte noch zwei Jahre auf dem Stahlwerk in Duisburg ableisten müssen – brach Heidi in Tränen aus. Nicht einmal die Grundsicherung kam dabei herum. Würde sie weiterhin in der Dreizimmerwohnung der alten Bergmannssiedlung wohnen bleiben können? Da war der schöne Garten, an dem sie hing.

Ein Jahr später bekam sie eine neue Hüfte, konnte aber trotzdem sehr schlecht laufen. Ihr Diabetes sorgte dafür, dass sie nach einem Krankenhausaufenthalt direkt in eine Altenwohnung mit Betreuung ziehen konnte. Dort hatte sie es wirklich gemütlich. Die Wohnung war klein, jedoch sehr komfortabel, Parterre mit Terrasse und winzigem Rasenanteil. Aufgrund der niedrigen Rente trug die Stadt den größten Teil der Miete. Die Wohnungen waren an ein Seniorenzentrum angeschlossen und sie hatte viel Unterhaltung, lernte nette Frauen und später auch einen Mann kennen. Arthur, ein 75-jähriger Kleinrentner, lieb, bescheiden, unterhaltsam. Warum musste sie immer wieder so arme Hungerleider kennenlernen, ohne Auto, ohne Geld, ohne Zukunft?, fragte sie sich. Trotzdem mochte sie diesen Mann und verbrachte viel Zeit mit ihm. Große Sprünge konnten beide nicht machen. Das Mittagessen, das man im Haus einnehmen konnte, Friseur, Medikamente, das alles ging von ihrer bescheidenen Rente ab. Was blieb da noch?

Es war kurz vor dem Fest, als sie mit Arthur – sein Lieblingsweihnachtslied war „Tochter Zion“ – durch die Fußgängerzone über den Weihnachtsmarkt in Gelsenkirchen-Buer schlenderte. Heidis Blick blieb an einer Bäckereiauslage hängen. Die Stutenkerle mit den Tonpfeifen ließen ihr das Wasser im Munde zusammenlaufen. Als Kind hatte sie nie diese Leckerei bekommen. „Zu teuer“, hatte ihre Mutter jedes Mal gesagt, wenn sie danach verlangte. Heidi sah das Leuchten in Arthurs braunen Augen. Auch er starrte auf die Weckmänner. So ging sie in den Laden und kaufte zwei Stutenkerle für zusammen 3,80 Euro, für sie eine große Ausgabe.

Arthur kochte Kaffee und wenig später aßen sie in seiner Wohnung die Weckmänner und dachten an alte Zeiten. Er war so lieb und gut zu ihr, dass sie ihn fragte, was er sich denn zu Weihnachten wünschen würde. Ein Lächeln zog über sein rotes Gesicht. Erstaunt sah er sie an. „Du brauchst mir doch nichts zu schenken, Heidi. Du hast doch selbst nicht viel.“

„Nun sag schon, was wünschst du dir?“

„Wer soll mir schon was schenken? Mein Sohn kennt mich nicht mal mehr. Sonst habe ich niemanden. Und du behältst dein Geld.“

„Kein auch noch so kleiner Wunsch?“

„Einen Wellensittich hätte ich gerne. In einem schönen Käfig. Dem könnte ich dann das Sprechen beibringen.“ Seine alten Augen bekamen einen feuchten Glanz. Ja, so ein Tier würde ihm Freude machen. Da auch er mit jedem Cent rechnen musste, konnte er den Vogel samt Zubehör vergessen. „Und wenn du mir was basteln willst, denke nicht mal dran. Ich hasse so einen sinnlosen Kram“, fügte er hinzu.

Wenn Heidi sich in seiner karg eingerichteten Wohnung umsah, musste sie schmunzeln. In weniger als zwei Stunden hätte man sein gesamtes Inventar zusammengepackt und der Nächste könnte in die kleine Wohnung ziehen.

In ihrem winzigen Keller fand Heidi den alten, verrosteten Vogelkäfig, den sie, wieso auch immer, beim Umzug mitgenommen hatte. Ihr Robert hatte früher einmal einen Kanarienvogel besessen, der in dieser Behausung sein Zuhause fand. Mit dem Linienbus fuhr sie zum Tiermarkt, um sich Wellensittiche anzusehen. 50 Euro verlangten sie pro Stück, dazu kam das Zubehör und Futter, dann wäre sie mindestens 70 Euro los. Nein, das musste günstiger gehen.

Einen Tag vor dem Fest schneite es heftig. Wie jeden Tag legte Heidi eine Handvoll Sonnenblumenkerne ins Vogelhäuschen auf der Terrasse. Und kaum dass sie wieder in der Wohnung war, kamen sie herbei, Meisen sowie Spatzen. Jede Menge schwarzbrauner Sperlinge, die sich frech um das Futter stritten. Einer dieser Vögel schaute sie durch die Wohnzimmerscheibe keck an. Dunkle Knopfaugen, den kleinen Kopf schief gelegt. So ein Spatz wäre doch auch nicht schlecht, dachte Heidi, ging in den Keller, holte den alten Kescher hervor, der aus Roberts Angelausrüstung stammte, und zog sich den dicken Wintermantel an.

Eine Extraportion Sonnenblumenkerne und schon kamen sie heran, ihre gefiederten Freunde. Ohne lange nachzudenken, schwang sie den Kescher durch die Luft und hielt ihn direkt vor das Vogelhäuschen. Es dauerte nicht lange und es verfing sich ein kleiner Spatz darin. Sie hielt das Netz zu und trug den zappelnden Vogel ins Wohnzimmer. Der gereinigte alte goldfarbene Käfig stand bereit. Sogar mit Sand war er befüllt. Sie öffnete das Törchen, fasste nicht zimperlich in das Netz und schnappte sich den Vogel, um ihn in sein neues Heim zu verfrachten.

Mit der Zähmung hatte sie es sich etwas leichter vorgestellt. Er flatterte wie verrückt, wenn sie näher als einen Meter an den Käfig kam. Sie hatte noch zwei Tage bis zum 1. Feiertag.

Ob sie es schaffen würde, ihn bis dahin zu bändigen? Es sah nicht so aus. Der Vogel flatterte wie ein Irrer. Überall Federn und Sand. Hielt er vor Erschöpfung mal inne, starrten seine kleinen Knopfaugen sie traurig an, als würden sie sagen „Lass mich raus. Ich habe dir doch nichts getan."

Er fraß nicht, er trank nicht, er war einfach nur traurig, wollte nicht eingesperrt sein, wollte zu seinen Freunden. Aber Heidi kannte kein Pardon. Er würde sich beruhigen, war sie sich sicher. Außer flattern konnte er nichts. Über besondere Sangeskünste verfügt so ein Spatz ja nicht gerade. Aber ein Wellensittich schließlich auch nicht.

Eigentlich sieht er doch fast so schön aus wie ein Wellensittich, fand Heidi. Der kleine, spitze Schnabel, das freundliche Gesicht, das braune Köpfchen und die niedlichen dunklen Augen. Nur noch gefügig werden musste er.

Am 1. Weihnachtstag, eine Stunde bevor Heidi zu Arthur aufbrechen wollte, hatte der Vogel seine Panik nach wie vor nicht abgelegt, sobald man sich seinem Käfig näherte. Total zerzaust sah er aus. Voller Trauer ließ er in den Flatterpausen die kleinen Flügel hängen.

Einen Tannenzweig mit roter Schleife hatte Heidi am Käfig befestigt, bevor sie gegen 15 Uhr an Arthurs Tür, zwei Häuser weiter, klingelte. Der Vogel flatterte. Völlig verdattert ließ Arthur Heidi in die Wohnung und nahm ihr den goldenen Käfig samt Vogel ab. Behutsam redete er auf das Tierchen ein und stellte den Kasten auf den Tisch.

„Sag mal, bei dir piept es wohl. Das soll mein Geschenk sein? Das ist ein Sperling. Den kann man nicht in einen Käfig sperren. Er braucht seine Kollegen und seine Freiheit."

„Ach, der wird sich daran gewöhnen. Warte es nur ab."

Arthur starrte die alte Heidi, die sich zu Weihnachten stark geschminkt hatte, völlig entgeistert an und schüttelte mit dem Kopf.

Er nahm den Käfig mit dem flatternden Vögelchen, schritt zur Terrassentür, ging nach draußen, stellte den Käfig auf den verschneiten Tisch und öffnete das Törchen. Es dauerte keine Minute und der Vogel stürzte sich nach draußen und war in der Freiheit verschwunden.

Mit traurigen Augen schaute Arthur die aufgetakelte alte Frau an. „Und du gehst jetzt besser. Ich will dich nicht mehr wiedersehen!“

# ST. MARTIN

Laurin war extra rechtzeitig zum traditionellen St.-Martins-Umzug erschienen. Um 17 Uhr sollte die Gruppe an der St. Laurentius-Kirche in Lembeck, einem Ortsteil von Dorsten, starten. Nach dem Umzug sammelte sich die Gemeinschaft in jedem Jahr auf dem Schützenfestplatz am großen Ring, um die Aufführung der Legende vom Heiligen Martin zu sehen. Im letzten Jahr waren Hunderte Kinder dabei.

Es war gerade einmal 16 Uhr durch. Trotzdem läuteten die Kirchturmglocken unermüdlich und kündeten das große Ereignis an. Vom Metzgerladen schräg gegenüber, der einen Grill vor seinem Geschäft aufgebaut hatte und außerdem aus einem Kessel heiße Fleischwurst anbot, zog ein verführerischer Duft herüber. Zum ersten Mal wollte Laurin heute alleine am Laternenumzug teilnehmen. Eigentlich hatte er keine Lust, dem Umzug singend mit einer Laterne zu folgen, wie er es zwei Jahre zuvor mit seiner Mutter getan hatte. Er fühlte sich zu alt dafür, deshalb blieb die Laterne zu Hause. Heute war er aus einem einzigen Grund hier. Er wollte dem dämlichen Reitstallbesitzer Markus einen Denkzettel verpassen. Dieser arrogante Kerl behandelte ihn nämlich wie einen dummen Jungen. Immer, wenn er mal im Stall, der direkt gegenüber seinem Zuhause lag, vorbeischaute, verjagte er den 10-Jährigen.

Laurin stammte nicht gerade aus einer wohlhabenden Familie und konnte sich keinen Reitunterricht leisten. Doch war das ein Grund, ihn wie Dreck zu behandeln? Er wollte nur Susi besuchen, sie streicheln und mit ihr reden. Susi, die achtjährige braune Stute – das schönste Pferd im Stall –, die er über alles liebte. Gerade in dieser trostlosen Fast-Adventszeit, wollte er den kalten Stall gar nicht mehr verlassen. Susi war eine gute Zuhörerin, fand Laurin. Er lugte zuerst durch die breite Stalltür, um zu prüfen, ob die Luft rein war und der Reitstallbesitzer nirgends zu sehen war, dann schlich er hinein. Er musste Susi einfach sehen, ihr nahe sein.

Leise rieselte der Schnee und verwandelte Lembeck in eine Zuckerbäckerlandschaft, obwohl es erst Mitte November war. Er setzte sich auf einen Strohballen in Susis Box und begann das Pferd vollzuquatschen. Susi verstand seine Sorgen, davon war er überzeugt. Sie scharrte mit dem linken Vorderhuf und blähte die Nüstern. Ein leises Wiehern folgte. Und dieser Blick aus diesen wunderschönen Augen! Laurin stand auf und drückte sein Gesicht an den Hals des Pferdes. Markus, der mit schweren Schritten angelaufen kam, setzte dem ein Ende, indem er Laurin mit unflätigen Worten hinauswarf. Selbst auf Laurins mehrmaliges Angebot, ihm bei der Stallarbeit zu helfen, ging der Besitzer nicht ein.

„Das wird mir dieses Schwein büßen, das schwöre ich dir, Susi“, flüsterte Laurin dem Pferd zu, bevor er das Weite suchte.

Und nun stand er auf dem Kirchplatz und beobachtete das Geschehen. Der Posaunenchor, der den Umzug begleitete, machte seinen Soundcheck. Gestandene Männer, in warme Mäntel gehüllt, Frauen in Lodenmänteln und Jugendliche in Thermojacken sollten mit ihrer Livemusik die Kinder zum Singen animieren. Anschließend würden die Musiker für ihre Mühen eine Martinsbrezel erhalten, dazu die Erwachsenen Glühwein und die Kinder Kakao. Die Frauen am Glühweinstand rieben sich die Hände vor Kälte und probierten schon einmal von dem leckeren Gesöff. Und da erschien er auf der

Bildfläche. Hoch erhobenen Hauptes kam er auf Susi sitzend daher. Fein herausgeputzt hatte der Reitstallbesitzer sich, der, wie immer, den St. Martin spielte. Klar, das war seine Rolle. Auf dem Kopf trug er einen goldglänzenden Helm mit einem roten Puschel, passend zu seinem roten Umhang, den er später in zwei Stücke teilen würde. Eines davon würde er symbolisch einem Bettler überlassen.

Das Lachen wird dir vergehen, dachte Laurin und fühlte nach dem Taschenmesser in seiner Hosentasche. Du wirst lange an mich denken!

Markus sprang elegant vom Pferd und gab die Zügel an den Stallburschen Theo, bevor er zum Würstchenstand hinüberlief, mit den Damen scherzte und sich eine Rostbratwurst geben ließ. Diese Gelegenheit nutzte Laurin, ging zu Susi, gab ihr einen halben Apfel und streichelte ihren Hals. Er schritt um das Pferd herum, blieb an seinem Schweif stehen und befühlte anschließend den Sattel, dieses herrlich duftende Lederteil. Susis Fell glänzte wunderschön im Schein der Laternen.

Mittlerweile war es dunkel geworden. Und obwohl sich mehr und mehr Eltern mit Kindern versammelten, achtete niemand auf ihn. Noch einmal ging er um Susi herum, um schließlich ihre Nüstern zu streicheln und sanft auf sie einzureden. Wieder ein prüfender Blick nach links und rechts. Noch einmal die Seite gewechselt. Eilig zog er das scharfe Messer, das er von Onkel Walter zum letzten Weihnachtsfest bekommen hatte, aus der Hosentasche und klappte die größte Klinge auf, um die beiden hinteren Riemen des Sattels anzuschneiden. Jeweils fast bis zum Ende ließ er die Klinge problemlos durch das Leder gleiten. Der stolze Depp würde nicht lange im Sattel sitzen, dachte Laurin. Der Sattel würde sich lockern, er würde letztendlich brechen und

Markus würde vom Pferd stürzen. Das Genick würde er sich nicht gerade brechen, dachte Laurin. Vielleicht einen Arm? Strafe musste sein, fand er. Schließlich war Laurin kein dummer Junge.

Laurin stellte sich an die Seite und beobachtete das Treiben. Die aufgeregten Kinder mit den bunten Laternen in der Hand konnten es kaum mehr abwarten, endlich loszuziehen und dem Heiligen Martin auf seinem wunderschönen Pferd zu folgen. Da sah Laurin Markus auf ihn zukommen. Er fragte sich, was er wohl von ihm wollte. Ihn wieder einmal beschimpfen?

Markus druckste herum. An seinem Mund klebte Senf. Außerdem roch er nach Glühwein. „Du, Junge, ich war vorhin sehr hart zu dir. Das tut mir leid. Weißt du, ich war im Stress. Ich hätte dich nicht hinauswerfen dürfen. Ich weiß doch, wie sehr ihr euch mögt, Susi und du. Ich habe mir da etwas überlegt. Willst du das erste Stück, bis oben an der Tankstelle auf Susi reiten? Das fände die bestimmt ganz toll und du doch auch, oder?“

Was war bloß in Markus gefahren? Wieso war er so nett zu ihm? Er, der kleine Laurin, sollte den Martinsumzug anführen und hoch oben auf Susis Rücken sitzen? Es verschlug ihm die Sprache. Markus schob den Jungen vor sich her, bis sie Susi erreicht hatten, und befahl dem Stallburschen, Laurin aufs Pferd zu helfen. „Laurin und Susi sind gute Freunde, Theo. Deshalb darf er heute das erste Stück auf Susi reiten. Oben an der Tankstelle wechseln wir dann.“

Theo starrte seinen Chef mit offenem Mund an, verstand nicht, wozu das Ganze gut sein sollte. Er schnappte sich Laurin, hob ihn schwungvoll aufs Pferd und gab ihm anschließend die Zügel in die Hand. Theo grinste vor sich hin. Als

St. Martin musste sein Chef schließlich Gutes tun und nicht bloß einen Mantel teilen. Auf den leisen Protest des Jungen achtete niemand. „Aber ich … ich weiß nicht!“

Keine 10 Minuten später, der Posaunenchor schmetterte bereits ehrfürchtige Lieder, ging es los. Stolz saß Laurin auf Susi. So ein tolles Gefühl. Gleichzeitig rannen ihm Tränen über seine roten Wangen. „Aber ich …“ Ein letztes Aufbegehren. Weder Markus noch Theo nahmen es wahr. Susi setzte sich auf Befehl von Markus in Bewegung, die kleinen Kinder sangen fröhlich das Martinslied.

Markus schlug Susi auf den Hintern. „Los, meine Freundin, zeig mal, was du kannst“, rief er lachend und der Zosse kam in Trab.

# DAS MARZIPANBROT

Als ich zwei Tage vor Weihnachten zu Rewe-Conrad in der Josefstraße in Herten-Disteln aufbrach, plagte mich ein unbändiger Heißhunger auf Süßes. Der weihnachtlich dekorierte Laden sog mich regelrecht ein. Im Hintergrund konnte ich Weihnachtsmusik hören. Dazwischen Durchsagen, um attraktive Artikel zu bewerben. Die Leute sollten in Stimmung gebracht werden, damit sie ordentlich zugreifen und den Einkaufskorb mit Leckereien fürs Fest füllen würden. Für mich kein Thema. Ich war arm, da gab es nichts groß zu befüllen. Als sich die Einkäufe vom Zettel – alles Grundnahrungsmittel – im Korb befanden, ging ich zurück in die Süßwarenabteilung. Der riesige Aufbau mit den Weihnachtsartikeln hatte es mir angetan. Im Visier hatte ich ein überdimensionales Marzipanbrot, 500 Gramm schwer, das aussah wie ein Goldbarren. Die edle Verpackung war eine Augenweide. Es war im Angebot. 3,99 Euro sollte es kosten. Nicht viel Geld, normalerweise, für einen Hartz-IV-Empfänger, der außerdem Schulden abzuzahlen hatte, jedoch ein enormer Betrag. Um für das Weihnachtsfest einzukaufen, hatte ich heute exakt 15 Euro zur Verfügung. Alles war genau eingeteilt. Da war so eine Extraausgabe wie der schokoladenüberzogene, mit Marzipan gefüllte Goldbarren nicht drin. Vor einer Woche hatte ich mir ein winziges Marzipanbrot gegönnt, 25 Gramm schwer. Ich habe es klein geschnitten und auf eine Scheibe Stuten gelegt. Das war köstlich! Besser als jede Torte!

Bei der Tafel, einer Einrichtung für sozial Schwache, war ich gestern schon. Für zwei Euro füllte ich eine große Tasche mit

Lebensmitteln, überwiegend Obst und Gemüse. Kein Marzipanbrot, dafür eine Tafel Schokolade.

Ich hatte eine Ausbildung zum Schweißer bei Opel in Bochum absolviert. Als die Opel-Werke vor langen Jahren schlossen, fand ich Arbeit in einer Schraubenfabrik. Eine elende Schufterei für ein paar Euro. Ich wurde krank, bekam ein Burnout. Nach einem Jahr wurde ich wegen der vielen Fehlzeiten gefeuert. Das Arbeitsamt hatte nichts Passendes für mich. Mittlerweile war ich über 50 Jahre alt. Wer wollte so einen alten Mann mit dieser Vorgeschichte?

Meine Wohnung, 37 Quadratmeter, zwei kleine Zimmer mit Kochecke und Bad, ebenfalls in der Josefstraße, war mein Ein und Alles. Wenn ich die verlieren würde, wäre mein Leben zu Ende. My home is my castle, ich fühlte mich wohl in meiner Wohnung.

Meine Tochter mit Ehemann und Kind würden am ersten Weihnachtstag auf der Matte stehen. Nach langem Betteln hatte sie endlich zugesagt, mich zu besuchen. Große Geschenke waren nicht drin, mein Konto war bereits überzogen. Die Enkelin würde einen Weihnachtsmann bekommen, an dessen Glöckchen, das er um den Hals trug, ein 20-Euro-Schein drapiert war, den ich mir vom Munde abgespart hatte. Eine Woche lang aß ich nur Gemüsesuppe, Wirsing und Kohl im Wechsel. Nur mit Kartoffeln, ohne Fleischbeilage. Nicht mal ein Würstchen.

Ich lungerte nach wie vor am Stand mit den Weihnachtsleckereien herum. Es war ja nicht so, dass ich mir zu Hause keine Süßigkeiten gönnte, doch war die Ration begrenzt. Öfters gab es was bei der Tafel, einmal die Woche rückten sie eine Schokolade raus oder einen ramponierten Schokoriegel.

Mein Blick blieb wieder an dem riesigen Marzipanbrot hängen. Ich nahm es in die Hand. Ganz schön schwer. Das Wasser lief mir im Munde zusammen. Rechts befand sich die Fleischtheke, links der Kassenbereich. Der alte Mann, der sich im Laden aufhielt, um aufzupassen und die Kundschaft zu belustigen, war nicht in Sicht. Er hielt sich auf der anderen Seite des Ladenlokals auf, humpelte vom Obst zur Fleischtheke und zurück. Ich kannte ihn. Er hieß Franky und stammte aus der gleichen Kirchengemeinde wie ich. Ein Blick nach links, einer nach rechts. Ich schnappte mir das schwere Marzipanrot und ließ es blitzschnell in meine große Jackentasche fallen. Mir wurde heiß und ich schwitzte, bis ich meine wenigen Waren an der Kasse bezahlt und den Laden verlassen hatte. Vor dem Eingang hielt ich das Marzipanbrot in der Tasche fest mit meiner Hand umschlossen. Ich freute mich, dass es so problemlos geklappt hatte. Was, wenn sie mich erwischt hätten? Ich hätte mich in dem Laden nicht mehr blicken lassen können. Der Kerl aus der Kirche, dieser Franky, und die meisten der netten Verkäuferinnen kannten mich gut.

Zu früh gefreut. Keine fünf Meter vom Eingang entfernt klopfte mir jemand auf die Schulter. Ich drehte mich um und schaute in Frankys großporiges Gesicht.

Er grinste mich an. „Na, haben wir da nicht was vergessen?“

Ich stellte mich dumm und mimte den Ahnungslosen. „Ich wüsste nicht, was.“ Mein Herz schlug schneller, meine Knie zitterten.

„Du kommst jetzt mit hinein und bezahlst an der Kasse das Marzipanbrot, das du hast mitgehen lassen. Denkst wohl, ich bin blöd, was?“ Der humpelnde Alte schob mich vor sich her. „Sei brav, sonst gibt es eine Anzeige. Mein Schwiegersohn versteht da keinen Spaß.“

Das Marzipanbrot bezahlen? Wie denn? Ich hatte höchstens noch einen Euro und wenige Cent in der Geldbörse. Mit hochrotem Kopf ging ich zögernd zurück in den Laden, der Alte hing mir förmlich im Nacken. Er stieß mich in Richtung der ersten Kasse, an der Frau Dreiskemper saß, die ich so lange kannte und die stets nett zu mir war.

Nein, sagte ich mir. Du willst dich nicht blamieren. Was tun? Der humpelnde Alte kannte keine Gnade und schob mich mit aller Kraft vorwärts. Wut stieg plötzlich in mir hoch. Die erste Kasse, ungefähr sechs Meter von mir entfernt, befand sich auf der linken Seite. Auf der rechten schob der picklige Auszubildende Dennis die Einkaufswagen zusammen.

Franky ließ nicht locker, beschimpfte mich mit vulgären Worten und stieß mich beharrlich in Richtung Kasse. Wahrscheinlich erhoffte er sich von seinem Schwiegersohn ein dickes Lob, weil er einen Ladendieb gefasst hatte. Eine Flasche Weizen und viele warme Worte zusätzlich!

Irgendwann platzte mir der Kragen, ich drehte mich um und schubste ihn mit aller Kraft von mir. „Lass mich los, du alter Knacker“, warf ich ihm an seinen alkoholisierten Kopf.

Franky riss die Augen auf, ruderte mit den Armen, die in einem grauen Kittel steckten, verlor das Gleichgewicht und fiel nach hinten. Mit dem Hinterkopf landete er genau auf einen Einkaufswagen. Dennis schrie auf. Der Alte knallte auf den Boden und blieb liegen. Ich starrte auf die Blutlache, die sich bildete, machte auf dem Absatz kehrt und verließ so schnell ich konnte den Laden.

Eilig lief ich mit weichen Knien nach Hause und legte das Marzipanbrot auf den Küchentisch. Ich würde es nicht essen können. Niemals. Ob Franky tot war? Hatte ich ihn umgebracht? Er hat mich verbal und körperlich drangsaliert, ich habe mich nur gewehrt, redete ich mir gut zu. Bei Rewe Conrad würde ich mich nicht wieder sehen lassen können, wurde mir klar.

Meine alte Nachbarin Frau Bienert erzählte mir am Abend, dass Franky wohl gestolpert sei und mit dem Kopf gegen einen Einkaufswagen gefallen oder gar geschubst worden war. Es würde ihm aber besser gehen. Seine Wunde war genäht worden. Sie erzählte nicht, ob jemand den Unfall verursacht hatte und wer das gewesen sein könnte. Ein Unfall! Ich jubilierte innerlich! Hosianna! Da habe ich noch einmal richtig Glück gehabt. Frau Dreiskemper und dieser Dennis haben wohl gar nichts mitbekommen.

Unverwüstlich, dieser Franky, dachte ich nur. Hoffentlich würde er den Mund halten. Würde ich eben das nächste Halbjahr bei Netto einkaufen! Und die Kirche würde ich vorerst meiden. Musste ich eben ohne Gottes Wort auskommen.

Am anderen Morgen lachte mich das Marzipanbrot an, das auf dem Tisch lag. Ich beschloss es zu essen. Sollte ich es etwa verkommen lassen?

# DAS KATZENLECKERLI

Johannes schaute gedankenverloren in den verschneiten Garten. Der 16-jährige Junge, der älteste von drei Söhnen der Familie Möller, stand auf der Terrasse des kleinen Reihenhauses und hielt Ausschau nach seinen Katzen, die noch nicht vom nächtlichen Freigang nach Hause gekommen waren. Das Kellerfenster war ein wenig geöffnet, Cleo und Jimmy hätten problemlos den Heizungsraum aufsuchen können. Der Junge blickte auf die Uhr. 10 Uhr. Hoffentlich wird es einigermaßen harmonisch am heutigen Heiligabend, dachte er. Er hatte heute Morgen seiner Mutter in der Küche geholfen, Kartoffeln geschält und Gemüse für die morgige Rindfleischsuppe geputzt. Gleich würde er den Baum aufstellen und dem Vater beim Schmücken zur Hand gehen. Er hatte vor einigen Jahren auf der Zeche unter Tage ein Bein verloren und war seitdem frühverrentet. Seine Mutter arbeitete einige Stunden in der Woche auf dem Markt, am Geflügelstand, ansonsten hatte sie genug mit Haus und Familie zu tun. Da waren ja auch noch die beiden Brüder von Johannes, sieben und neun Jahre alt. Nein, schlecht ging es den Möllers nicht, sie hatten ihr Auskommen. Die Eltern wollten unbedingt, dass Johannes sein Abitur machen und studieren sollte. Er sollte es einmal besser haben!

Er schnaufte. Pah, besser haben! Wir haben doch alles, was man braucht. So auf die Kacke hauen wie die Schneiders, die rechts neben ihnen wohnten, das gefiel dem Jungen überhaupt nicht. Wie auf Kommando erschien Madame Schneider auf der Bildfläche. Die Haare gestylt, das Gesicht grell geschminkt, den Körper in einen Bademantel gehüllt, trat sie auf die Terrasse und deponierte auf einem kleinen Tisch in der Ecke einen Topf.

„Ach, hallo Johannes. Na, ein wenig Luft schnappen? Schon aufgeregt?“ Abfällig schaute die feine Dame an dem Jungen herunter.

„Nee, wieso sollte ich aufgeregt sein? Weihnachten! Pah! Ist doch jedes Jahr das Gleiche.“

„Ja, bei euch vielleicht. Bei uns ist es schon was Besonderes. Die Söhne kommen angereist. Dann noch meine Mutter, der Schwiegervater und Tante Dotti.“

Das alles interessierte Johannes herzlich wenig. Er mochte die Frau nicht, so wie er die ganze Familie unsympathisch fand.

„Gibt es bei euch wieder Nackenbraten? Ach ja, war bei Edeka im Angebot. Bei uns gibt es heute Abend Gans, morgen Fasanenbrüstchen und am zweiten Feiertag Hasenbraten. Hier in dem Topf habe ich Roastbeef. Das gibt es heute Abend vorweg. Schön mit Remoulade. Passt nur nicht mehr in den Kühlschrank. Naja, hier draußen ist es kalt genug.“

Johannes antwortete nicht. Was ging es die Alte an, was sie essen würden? Gleich würde sie ihren dicken Hintern in den BMW pressen und zum Einkaufen fahren, so wie sie es täglich praktizierte. Sie hatte es mit ihrem Mann, der einen tollen Posten in der Teppichetage eines großen Konzerns bekleidete, gut getroffen. Johannes wunderte sich, dass sie in dem winzigen Reihenhaus in der Zechensiedlung des Bergwerks Fürst Leopold in der Schachtstraße in Dorsten Hervest wohnten. Okay, die hatten aus dem kleinen Häuschen ein Prunkschloss entstehen lassen, was sie stets betonten. Vielleicht waren sie lieber die Reichen unter den Armen als umgekehrt?

Die alte Ziege verzog sich ins Haus und flötete ihm „Frohe Feiertage“ zu. Der Topf gab Dampf ab, was wohl dem Temparaturunterschied geschuldet war. Wenig später fuhr der Wagen der Hexe vom Parkplatz. Johannes wagte einen Satz über die Hecke auf das Grundstück der Schneiders, schlich sich in die Ecke und hob den Topfdeckel an. Ein herrliches Stück Fleisch. Im gleichen Moment hörte er Cleo hinter sich maunzen. Ohne weiter nachzudenken, holte der Junge sein Taschenmesser aus der Hose, klappte es auf und spießte das Fleisch auf. Ein Satz über den kleinen Zaun und er schlich zum Ende des Gartens. Das Bratenstück legte er auf die Bank, nachdem er mit der freien Hand den Schnee beiseitegeschoben hatte. Die zarte, schwarzglänzende Cleo und der getigerte, doppelt so dicke Jimmy sprangen auf die Bank und umgarnten das wunderbare Stück, das Johannes in winzige Teile schnitt. Wenige Minuten später gesellte sich die weiße Glöckchenkatze zu den beiden anderen. Sie wohnte drei Häuser weiter und besuchte die Familie, besonders die beiden Katzen, mit denen sie fast jede Nacht loszog, gerne und oft. Johannes hatte große Freude daran, den Fleischklotz zu zerteilen, an denen die drei Katzen sich labten. Es war eine Augenweide, ihnen zuzuschauen, wie sie feinsäuberlich die Stücke verputzten und sich die Pfötchen leckten. „Ein frohes Weihnachtsfest, ihr Süßen“, wünschte Johannes den kleinen Tigern. Dankbar schauten sie den Jungen an und rieben sich mit geschlossenen Augen an seinen Beinen. Die Glöckchenkatze verabschiedete sich, Cleo und Jimmy folgten ihm ins Haus.

„War was?“, fragte seine Mutter. „Hast du mit Frau Schneider gesprochen?“

„Ja, hab ich. Sie hat uns frohe Weihnachten gewünscht.“

Seine Mutter grinste nur, sie sagte nichts.

# FIRMENWEIHNACHTSFEIER

Hajo parkte seinen Wagen vor dem Geschäft in der Liebigstraße in Mülheim an der Ruhr, die ein paar Meter weiter in die belebte Duisburger Straße überging. Schon mehr als 20 Jahre war er hier in der Werkstatt als Fernsehtechniker beschäftigt. Falls der Sechs-Mann-Betrieb es erforderte, machte er Kundenbesuche oder erledigte Büroarbeiten. Der Chef Manfred Lohmeier war für den Verkauf von TV-Geräten, DVD-Playern, HiFi-Anlagen, Großbildschirmen sowie Elektrokleingeräten zuständig. Seine Frau, die vorlaute Tanja, war stets an seiner Seite. Sie arbeitete im Büro, doch neugierig, wie sie nun mal war, hielt sie es in dem kleinen Büro, in dem außerdem die Aushilfe Frau Kapteina saß, nicht lange aus. In der Werkstatt waren außer ihm Marc und Oliver beschäftigt. Beide verheiratet. Oft genug hingen ihre besseren Hälften in der Firma ab. Hajos Frau hingegen, eine zarte, lichtscheue Gestalt, begleitete ihn nicht einmal zur alljährlichen Weihnachtsfeier, die aus Kostengründen in der Firma stattfand. Manfred Lohmeier freute sich über jeden Euro, den er einsparen konnte. Gern lud er zu so einer Feier wie heute sämtliche Verwandte ein, die sich auf Firmenkosten satt futterten. Konnte er schließlich alles steuerlich absetzen.

Tanja hatte bei einem Partyservice das Büfett bestellt, das soeben im Verkaufsraum von zwei verschwitzten Typen aufgebaut wurde. Wie immer gab sie den Ton an, jagte die Kapteina hin und her und hatte sie sogar dazu verdonnert, einen Eimer voll selbst gemachten Kartoffelsalat mitzubringen. Sparen wo man konnte. In der Werkstatt war ein Stuhlkreis aufgebaut. Einfach lächerlich. Die Frauen von Oliver und Marc saßen auf zwei der Stühle, aufgebrezelt wer weiß wie, und schnatterten munter drauflos. Am liebsten hätte Hajo auf dem Absatz kehrtgemacht und wäre wieder heimgefahren in die Grabenstraße, wo er mit seiner Familie im zweiten Obergeschoss in einer Vier-Zimmer-Wohnung eines schmucken Altbaus wohnte. Von seiner großen Dachterrasse hatte er einen Blick ins Grüne bis hin zur Ruhr. Er wohnte gerne in Mülheim.

Manfred war dabei, die Spirituosen, die er von zu Hause mitgebracht hatte, auf einem Tischchen im Lager auszubreiten. Alles halbleere Flaschen. Die Flüssigkeiten darin sahen grenzwertig aus. Abgerechnet wurde natürlich die neue Ware, die er mit nach Hause nahm, um seine Bar aufzufüllen. Zwei weitere Gäste, Vertreter von Zulieferfirmen, hatte der Chef ebenfalls eingeladen. Klar, er wollte gut dastehen, der Geizkragen.

„Ey, schau mal, der Hajo hat neue Klamotten an“, meinte Marc zu Oliver.

„Wow, haste dir vom Weihnachtsgeld endlich mal was Neues gegönnt? Wurde auch Zeit“, erwiderte Oliver und lachte.

„Von den paar Mäusen, die ich hier verdiene, sollte ich mich einkleiden? Pah!“ Hajo schäumte vor Wut. Der Chef zahlte gerade mal Tariflohn und nur 500 Euro Weihnachtsgeld. Er hatte eine teure Wohnung, seine Frau war nicht berufstätig und da waren die beiden Töchter. Obwohl Hajo sich in der neuen Jeansjacke und der tollen Hose richtig gut fühlte, um ehrlich zu sein. Das karierte Hemd und der rote Pulli passten hervorragend dazu. Stiefel hatte er sich auch noch gegönnt.

Nachdem die Gäste vollzählig waren und 17 Leute sich um das Büfett, aufgebaut auf der Kundentheke des Verkaufsraums, drängten, kam die süßliche Begrüßung des Chefs. Der alte DVD-Player in der Ecke schmetterte klassische Weihnachtslieder wie „Oh, du Fröhliche“ und „Leise rieselt der Schnee“ in den Raum. Hajo schnitt sich eine Scheibe von dem Schinkenbraten ab und schaufelte sich den Kartoffelsalat der Kapteina auf den Teller. An der hinteren Wand gelehnt stand der Chef und grinste wohlwollend. Er, der große Gönner. Seine beiden Kinder, sechs und neun Jahre alt, spielten im Laden Fangen und kamen den teuren TV-Geräten ganz schön nahe. Doch heute wurde nicht geprügelt, weder Backpfeife noch Hintern voll, heute hatte Vati gute Laune.

Marc und Oliver, die in dem Kartoffelsalat herumrührten, amüsierten sich noch immer über Hajos Outfit und ließen Boshaftigkeiten vom Stapel. Hajo hätte den beiden am liebsten mal ordentlich die Meinung gesagt. Ihre gepuderten Tussen stimmten in das Lachen mit ein und blickten abfällig an Hajo herunter. Sie hatten es gut, hatten beide tolle Berufe und brachten viel Geld nach Hause, wogegen seine Frau zu Hause kochte und buk, was leider nichts groß einbrachte. Wenig Geld, wenig kaufen. So war das nun mal.

Nach einigen Stunden – das Büfett war schon ziemlich abgegessen, die Flaschen gut geleert – wurden auch die beiden Vertreter, Herr Wintjes und Herr Klennert, mutiger und machten Witze auf Kosten des geizigen Chefs Manfred. Wintjes, ein kahlköpfiger Hungerhaken, aus dem Elektrogroßhandel stammend, hatte ordentlich Alkohol getankt und wandte sich nun an den dauergrinsenden Chef. „Ganz schön gespart in diesem Jahr, was? Zum vorigen Fest gab es noch einen Präsentkorb als Dank für die gute Zusammenarbeit. Okay, in diesem Jahr wurden wir eingeladen. Alle müssen den Gürtel enger schnallen, doch nur eine nackte Weihnachtskarte hätten Sie sich auch sparen können."

Das Grinsen auf Manfreds Gesicht gefror zu einer hässlichen Fratze. Er fasste sich an den immens langen Gürtel seiner ausgebeulten Hose mit den überdehnten Löchern, den er tatsächlich mal langsam enger schnallen könnte. Das letzte Loch war bereits erreicht. Er kam dem Mann näher, viel zu nah.

„Was soll das? In dem Umschlag mit der Weihnachtskarte steckte doch wohl noch ein Gutschein über 50 Euro. Ich hatte mir überlegt, in diesem Jahr keine Süßigkeiten und keinen Alkohol zu verschenken, stattdessen Einkaufsgutscheine der umliegenden Läden, die ich damit unterstützen wollte. Mein Mitarbeiter, der Hajo, hat sich persönlich darum gekümmert, hat in den Läden wie Peek & Cloppenburg, Eterna, Mode Klucken, Schuhhaus Kruse und Schuhe Oberhösel Warengutscheine erworben und sie den Weihnachtskarten beigefügt."

Hajo wurden die Knie weich. Musste dieser besoffene Trottel von Wintjes öffentlich Details preisgeben? Wieso hatte der Chef ihn überhaupt eingeladen? Das hatte er noch nie. Konnte ja keiner damit rechnen, dass einer von den Beschenkten bzw. Nichtbeschenkten hier aufkreuzte.

Manfred wurde böse. Ahnte er bereits, was die Glocke geschlagen hatte? Wieder schaute er sich seinen Mitarbeiter, der heute top gekleidet erschienen war, von oben bis unten an. Die gute Garderobe wunderte ihn, da Hajo sonst in Klamotten aus dem Kleidersack des Roten Kreuzes herumlief.

„Hajo, was ist? Stimmt doch, oder? Du hast Gutscheine besorgt und an unsere besten Geschäftspartner verschickt, nicht wahr? Knapp 1000 Euro hat mich der Spaß gekostet.

Ganz zu schweigen von deinem Verdienstausfall, den ich hatte, als du den ganzen Tag unterwegs warst."

„Klar, hab ich gemacht, Chef." Was sollte Hajo auch antworten? Dass er einige der Gutscheine für sich behalten hatte? Wer konnte denn ahnen, dass ausgerechnet dieser Elektro-Trottel aufkreuzen und sich besaufen würde, um anschließend aus dem Nähkästchen zu plaudern? Im Normalfall wäre das nie ans Licht gekommen. Die Nichtbeschenkten hätten die Karte von links nach rechts gedreht und sich gewundert, dass sie nichts enthielt außer ein paar warmen Wünschen zum Fest und die Klappe gehalten.

Wie kam er bloß auf die Idee, zehn der Gutscheine selbst zu behalten und sie einige Tage später für sich einzulösen? Eine Schnapsidee war das. Okay, Hajo hatte sich neu eingekleidet. Jeans, Jacke, Pulli und Hemd von Peek & Cloppenburg. Der alte Knacker von Verkäufer hatte ihn blöd angeschaut, als er mit acht Gutscheinen zu je 50 Euro zahlte. Die Dame im Schuhgeschäft war da unkomplizierter. Ein schönes Gefühl war das, mal so gut angezogen zu sein, und das auf Firmenkosten.

Nun meldete sich der korpulente Klennert zu Wort. „Also, bei mir war ein Warengutschein drin. Von Eterna. Fand ich eine ganz tolle Idee. Mal was anderes."

Manfred schien ein Stein vom Herzen zu fallen. „Lieber Herr Wintjes, wenn mein Mitarbeiter, den ich übrigens seit mehr als zwei Jahrzehnten kenne und dem ich vertraue, sagt, dass er das erledigt hat, dann hat er das auch. Wer weiß, wer den Gutschein bei Ihnen hat verschwinden lassen. Und anschließend auf unserer harmonischen Weihnachtsfeier die Sau raus zu lassen, kostenlos zu essen und zu trinken und dann meinen Mitarbeiter zu beleidigen ist ja wohl das Letzte."

Wintjes wurde feuerrot im Gesicht. „Also, das ist doch unerhört“, brüskierte er sich.

„Ja, das ist es“, meinte Manfred. „Sie sollten besser gehen. Es gibt genug andere Großhändler, die mich in Zukunft gerne beliefern werden.“

Wintjes stolperte aus dem Laden und Hajo atmete erleichtert auf.

# TANTE ELISABETH

Im vierten Stock der kleinen Dreizimmerwohnung in Dortmund-Hörde, nahe dem Phoenix-See, schaute Philipp genervt aus seinem acht Quadratmeter kleinen Zimmer auf die Straße. Bimmelnd fuhr die Straßenbahn an der Häuserzeile vorbei. Tristesse pur. 14 Uhr am Heiligabend. Die kleinen Geschäfte an der gegenüberliegenden Straßenseite waren geschlossen. Alles wie ausgestorben. Nichts mit festlich-friedvoller Stille. Kein Schnee fiel in dicken Flocken herab.

Philipps depressive Stimmung machte sich im gesamten Stadtteil breit. Alle seine Kumpel hingen zu Hause vor dem TV oder PC ab. Wo wollten sie auch hin? In den bekannten Szene-Lokalen der City war nichts mehr los, wusste sein Freund zu berichten. Selbst die 300 Buden des berühmten Dortmunder Weihnachtsmarktes mit dem größten Weihnachtsbaum der Welt waren bereits geschlossen. Die Menschheit hielt sich zu Hause auf. Seine Mutter rannte mit ihrer gestärkten Schürze wie eine Furie durch die Wohnung, der Vater grunzte in seinem Fernsehsessel vor sich hin. Immerhin hatte er den Tannenbaum aufgestellt, dieses hässliche, grässliche Teil mit dem Uraltschmuck.

Um 16 Uhr würden Oma und Opa mütterlicherseits auf der Matte stehen, sich wie irre freuen und ihre Geschenke verteilen. Okay, sie hatten nicht viel Geld, entsprechend spärlich fielen die Gaben aus. Irgendwelche Angebote aus der Tchibo-Filiale. Die Eltern seines Vaters lagen bereits auf dem Friedhof. Der Geruch der Weihnachtsgans zog durch die gesamte Wohnung. Kochen konnte seine Mutter, das musste er ihr lassen. Dazu gab es Kartoffelklöße und Rotkohl. Nichts aus dem Päckchen, alles frisch zubereitet.

Er ging ins Wohnzimmer und bewunderte die hübsche Tafel, die für sieben Personen gedeckt war. Weißes Geschirr, weiße Stoffservietten, Silberbesteck, edle Kristallgläser und ein duftendes Tannengesteck. Auf dem Sofa saß seine kleine Schwester Ida, neun Jahre alt. Sie schlief bei Mutti im Schlafzimmer, weil es kein zweites Kinderzimmer gab. Über ein Smartphone oder Laptop sowie elektronische Spiele, wie sie ihre Freundinnen besaßen, verfügte sie nicht. War halt ein Steinzeithaushalt. Ida kämmte ihre verfilzten Barbies, die aussahen wie Prostituierte, und schaute genauso genervt wie er.

Alles halb so schlimm, dachte Philipp, auch diesen Tag würde er herumkriegen. Wenn da nicht Tante Elisabeth wäre, die jedes Jahr aus Duisburg angereist kam. Bei der geizigen Elisabeth, einer betuchten Rechtsanwaltswitwe, handelte es sich um die Großtante seiner Mutter, die zum Fest eingeladen wurde, da sie keine eigene Familie hatte.

„Mensch, warum kommt die dämliche Alte?“, fragte Philipp seine Mutter. „Es gibt doch Feiern für Obdachlose von der Kirche. Da kann sie hingehen.“

„Philipp, warum bist du bloß so? Denk mal ein wenig christlich. Sie hat außer uns niemanden.“

„Christlich, christlich. Denkt Gott an mich? Wenn die alte Elisabeth wenigstens schöne Geschenke mitbringen würde. Der Geiz schaut ihr aus den Augen. Dabei hat sie Kohle genug.“

„Erben wirst du nichts. Pass mal auf“, meldete sich der Vater lachend zu Wort.

„Ich lade sie doch nicht ein, um was dafür zu bekommen“, entrüstete sich die Mutter kopfschüttelnd.

Als Philipp an das letzte Weihnachtsfest dachte, wurde ihm schlecht. Eine Schachtel Schnapspralinen und fünf Euro hatte sie ihm geschenkt. Und das für einen Jungen von 16 Jahren. Nur gemeckert hatte sie, ließ an den Kindern kein gutes Wort. Die kleine Ida hatte fast geweint. Die Mutter bekam einen Hunderter, wovon sie die Gans bezahlen sollte. Der Vater nichts.

Noch bevor die Großeltern sich einfanden, bimmelte es an der Tür. Dieses aggressive Klingeln konnte nur bedeuten, dass der Drachen vor der Tür stand. Forsch betrat sie das Wohnzimmer, grüßte die Anwesenden knapp. An Philipp gewandt, bemäkelte sie seine Frisur. „Oh Graus! Wie siehst du denn aus? Habt ihr in Dortmund keinen Friseur? Viel zu lang dein Haar."

Philipp kochte vor Wut und konnte nicht anders, als der Tante die Meinung zu sagen. „Meinst du, du siehst besser aus mit deiner roten Knistermähne? Scheußlich!"

Bevor der Streit eskalierte, mischte sich die Mutter ein, um zu schlichten. Die Strafe folgte auf dem Fuß. Philipp bekam kein Geschenk. Das kostete den Jugendlichen nur ein Schulterzucken. Während die anderen sich die guten Lindt-Pralinen, die sie diesmal kistenweise mitgebracht hatte, hineinstopften, hätte er sie am liebsten an die Gurgel gefasst und durchgeschüttelt, diese Elisabeth. Ihre hässliche bestickte Handtasche mit der goldenen Kordel als Henkel hütete sie wie einen Augapfel, krallte sie mit ihren hässlichen Pfoten fest, als befänden sich Goldbarren darin. Beim Essen saß sie zu alledem neben ihm und er musste sich hin und wieder über den Kopf streicheln lassen.

Man sprach ordentlich dem Wein zu – Aldi Südhang – und die Stimmung war gar nicht mal so schlecht. Aber in Philipp brodelte es. Diese hässliche Blumenmotiv-Ualttasche stand genau neben ihm. Die Rosen waren arg verschossen, die Kette, die als Henkel diente, ganz rostig. Heute bezeichnete man so etwas als Vintage-Look, dabei stammte sie mit Sicherheit aus den 1950er-Jahren.

Ewig kratzte sich die Tante an den Beinen, was unmögliche Geräusche verursachte. Ob sie ihre Strumpfhose nicht mal wusch, fragte sich Philipp. Vom üblen Geruch, der von der gesamten Person ausging, ganz zu schweigen. Dieses rote Brokatkleid war ein echter Hingucker im negativen Sinne.

Alle waren irgendwann satt, nur das Gerippe des Vogels war übrig. Der Vater setzte sich vor den Fernseher, die Großeltern dazu. Die Mutter und die Schwester trugen das schmutzige Geschirr in die Küche. Tante Elisabeth machte sich zu einer längeren Sitzung auf, nachdem sie bereits während des Essens ordentlich Flatulenzen in den Raum geschickt hatte. Welcher Darm hielt so viel Fleisch, fünf Knödel und einen Turm Rotkohl aus? Von der Schokocreme hatte sie drei Mal Nachschlag genommen.

Philipp saß allein am Esstisch. Auf dem Stuhl neben ihm die hässliche Tasche der Tante. Keiner beachtete ihn. Er öffnete den Uralt-Bügel des Monstrums, griff blitzschnell nach der Geldbörse – ein ebensolches nostalgisches Stück – und nahm sie heraus. Neugierig öffnete er sie. Neben jeder Menge Kleingeld befanden sich im Scheinfach zwei 50-Euro-Scheine, die er sich blitzschnell schnappte und in seiner Hosentasche verschwinden ließ. 100 Euro für einen Abend mit dieser dämlichen Tante war ein fairer Preis, fand er, stopfte die Börse zurück in die Tasche und schloss den Bügel.

Kurz darauf kam die Tante zurück an den Tisch, ließ sich schweißgebadet auf ihren Stuhl fallen und goss sich ein Glas Wein ein, das sie in einem Zug austrank. Sie starrte Philipp an und lächelte sogar, was selten vorkam.

„Weißt du, Junge, ich hatte es nicht immer leicht im Leben.“

Bloß nicht, schrie alles in Philipp. Keine Never-Ending-Lebensbiografie. Er nickte nur gleichgültig.

„Ja, das willst du nicht hören, ich weiß. Ihr jungen Leute habt auch Sorgen.“

Erstaunt schaute Philipp die hinfällige Tante an. Verständnisvolle Worte aus ihrem faltigen Mund, der sonst nur Boshaftigkeiten ausstieß? Er zuckte nur mit den Schultern. Was war los mit ihr?

„Ihr wart immer die einzige Familie für mich, die ich hatte. Dafür bin ich euch sehr dankbar. Weißt du das? Hier in dieser Enge zu hocken ist auch nicht leicht für dich. Mache dein Abitur, mein Junge und studiere. Du musst diesem Elend entkommen. Hörst du?“

Ihre knochige rechte Hand krallte sich in seinem Pulli fest. „Ich werde dir helfen, Philipp. Ich habe nicht mehr lange zu leben.“

Irgendwann griff sie mit den zittrigen Händen in ihre Handtasche, um ihr Portemonnaie herauszuholen. „Warte mal. Ich wollte dir noch was schenken. Davon kannst du dir nach den Feiertagen was Schönes kaufen.“

Vergeblich kramte sie in ihrer Börse. Wieder und wieder suchte sie nach den beiden Geldscheinen. Nichts. Tränen traten in ihre wässrig blauen Augen. Augen, die ihn fixierten.

„Wie ich sehe, hast du dich schon bedient. Schade, das hätte ich nicht von dir gedacht. Bist nicht besser als die anderen.“

Philipp stand vom Tisch auf und ging in sein Zimmer.

# BOWLE FÜR DEN EINBRECHER

Überstunden, immer nur Überstunden. Wann kam er überhaupt mal nach Hause, fragte sich Annika. Sie hatte sich so auf den Silvesterabend gefreut. Ohne große Feier, ein gemütlicher Abend zu zweit. Sie war gerade dabei, die Bowle zuzubereiten. Frikadellen und Kartoffelsalat waren bereits fertig, die große Dose Würstchen stand bereit. Den Salat hatte sie gerade, mangels Platz im Kühlschrank, auf die Terrasse gestellt und beschlossen, die Tür ein wenig offen stehen zu lassen, um durchzulüften.

Achim arbeitete als Vermessungsingenieur in der Maschinenfabrik Gustav Wiegard. Die Firma stellte Rollensysteme in sämtlichen Dimensionen her. Anscheinend war Achim nicht zu ersetzen. Oft fragte sie sich, ob er mit seiner Firma oder mit ihr, der blöden, treuen Annika verheiratet war. Dabei hatte er versprochen, heute, am letzten Tag des Jahres, pünktlich daheim zu sein. Sogar an den Weihnachtsfeiertagen hatte er gearbeitet und sie saß mit Tochter Nele und ihren Eltern wie eine Witwe vor dem Weihnachtsbaum.

Das viele Schuften hatte ihm und seiner Familie immerhin ein respektables Haus in der Friedrich-List-Straße in Witten beschert, unweit seiner Arbeitsstelle. Nele studierte in Marburg, wollte Ärztin werden. Annika wäre gerne weiter in ihrem Beruf als Arzthelferin tätig gewesen, doch Achim wollte eine Hausfrau, die ihm den Rücken frei hielt, für ihn kochte, putzte und die angewärmten Pantoffel bereitstellte, wenn er endlich heimkam.

Der Lokalsender Ennepe-Ruhr schickte Weihnachtsmusik in ihre Küche. *Driving Home for Christmas* von Chris Rea lief, als das Lied für eine wichtige Nachricht unterbrochen wurde. Aus der Justizvollzugsanstalt Bochum-Langendreer, ungefähr acht Kilometer von Witten entfernt, war am frühen Morgen ein 48-jähriger Mann getürmt. Torsten B. hatte bereits eine Tankstelle überfallen und war in Richtung Witten unterwegs. Annika musste schmunzeln. Da haut der zu Silvester ab. Was er wohl verbrochen hatte, fragte sie sich. Soweit sie wusste, waren in der JVA Langendreer keine Mörder oder Schwerverbrecher untergebracht.

Ihr wurde kühl und sie war gerade im Begriff, die Terrassentür zu schließen, als ihr von hinten eine Gestalt einen Gummiknüppel vor das Gesicht hielt. Langsam drehte Annika sich um und sah in das recht hübsche Gesicht eines dunkelhaarigen Mannes. Wache braune Augen schauten sie an.

„Biste allein zu Haus?“, wollte er wissen und wies sie an, sich auf einen Stuhl zu setzen.

„Ja, außer unserem Wellensittich Pucki ist keiner da.“ Angst verspürte Annika keine. Sie fand die Situation eher lustig. Kam das vielleicht von der Bowle, die sie probiert hatte?

„Gut drauf, was? Haste kein Ollen?“

„Der ist noch auf der Arbeit. Müsste bald kommen. Und du? Aus dem Knast ausgebrochen? Kam gerade im Radio. Was hast du denn angestellt?“

Torsten lief voller Unrast in der Küche hin und her, öffnete sämtliche Schubladen und griff schlussendlich nach einer Rolle Frischhaltefolie, um Annika am Stuhl zu fixieren.

„Was soll denn die Scheiße? Ich lauf schon nicht weg. Ich hole auch nicht die Polizei. Stopfe mir bloß keinen Lappen in den Mund. Da kriege ich Panik.“

„Wenne die Fresse hältst, brauch ich dat nich."

„Also, was hast du verbrochen und warum bist du abgehauen? Ging das so einfach?"

Torsten schaute Annika an, setzte sich auf die Eckbank ihr gegenüber und seufzte. „Meinste, dat ist schön, eingesperrt zu sein? Nichts hab ich verbrochen. Ein paar Einbrüche. Ich war knapp, ich brauchte dat Geld. Und als sie heute Morgen einen gesucht haben zum Schmücken für die Silvesterfeier, hab ich mich gemeldet. Die Chance abzuhauen." Torsten bog sich vor Lachen.

„Kein Geld! Das sagen sie alle. Und wo willst du jetzt hin?"

„Zu meiner Oma in den Bayerischen Wald. Da verstecke ich mich. Ich brauche ein Auto und ein paar Euro."

„Die Bullen in Bayern sind ja auch blöd. Die finden dich nicht, was?"

Er stand auf, ging an die Küchentheke, entdeckte die Bowle. „Hm, sieht die lecker aus. Erdbeeren? Mitten im Winter?"

„Nie was von Tiefkühlkost gehört?"

„Ihr müsstet haben."

„Du solltest es auch mal mit Arbeit versuchen. So jung bist du ja auch nicht mehr. 48 Jahre alt haben sie im Radio gesagt. Ist nichts für dich, arbeiten, was?"

„Habe nie die passende Stelle gefunden." Er füllte sich ein großes Glas mit der Bowle auf und setzte sich wieder. „Köstlich, willste auch?"

„Ja, was denkst du denn?", sprach Annika.

Torsten füllte ein Glas mit dem leckeren Getränk und ließ sie trinken. Ohne Hände war das gar nicht so einfach.

„Und du? Lass mich raten. Dein Alter schleppt die Kohle an und du machst dir ’nen faulen Lenz?“

Annika wurde wütend. „Faulen Lenz? Hast du eine Ahnung. Versorge du mal Haus und Garten und einen anspruchsvollen Mann, der pünktlich sein Essen auf dem Tisch haben will.“

„Jetzt, wo du von Essen sprichst. Ich hab Hunger. Auf der Terrasse steht Kartoffelsalat, hab ich gesehen. Haste auch Würstchen dazu?“

„Klar! Mach mich los und wärme dir welche auf. Keine Angst, ich haue nicht ab oder rufe die Polizei.“

So befreite der gutgläubige Torsten Annika von der Folie. Annika holte den Kartoffelsalat herein und öffnete die große Dose mit den Würstchen. Sie hatte selbst Hunger, langte noch nach den Frikadellen aus dem Kühlschrank und deckte den Küchentisch.

Torsten lief das Wasser im Munde zusammen. Eine herrliche Mahlzeit. „Und wenn dein Alter kommt?“

„Der ruft vorher an.“

Die beiden ungleichen Menschen genehmigten sich ein weiteres großes Glas Bowle und verspeisten fast den ganzen Kartoffelsalat, dazu zahlreiche Würstchen und Frikadellen.

„Mensch, kochen kannste wirklich.“ Torsten schaufelte das Essen nur so in sich hinein.

Nach dem vierten Glas Bowle wusste Annika fast alles aus Torstens Einbrecherkarriere und er alles über das frustrierende Hausfrauendasein der patenten Annika.

„Und ich dachte immer, so ein Leben im Wohlstand, wo es an nichts fehlt, wäre toll“, sinnierte Torsten.

Als der Bowletopf fast geleert war und beide Schwierigkeiten hatten, sich zu artikulieren, machte Annika dem hübschen Einbrecher einen Vorschlag.

„Du fixierst mich wieder an dem Stuhl, dann nimmst du dir aus der mittleren Wohnzimmerschublade den Hausschlüssel unseres Nachbarn, auf dessen Haus ich aufpassen soll. In seinem Dielenschrank findest du die Papiere und Schlüssel seines BMW, der in der Garage steht. Seine Barschaft liegt im Safe im Wohnzimmer, unter dem Hirschgemälde. Der Code ist 343. Und dann machst du den Abgang. Ich wünsche dir viel Glück."

Als Achim eine Stunde später endlich von der Arbeit heimkam, zeigte die Uhr bereits 18 Uhr. Er befreite seine weinende Frau und hörte sich die furchtbare Geschichte ihrer Geiselnahme an. Nun wurde ihm klar, wieso sie nicht ans Telefon gegangen war. Er war so froh, dass seine Annika noch lebte. Mit Bowle hatte der Kerl sie abgefüllt und mit einem Knüppel bedroht, dann war der Einbrecher zum Nachbarn gegangen und wenig später mit dessen Wagen davongefahren. Total betrunken. Nein, wohin er wollte, hatte er nicht gesagt, schluchzte Annika. Sie legte sich aufs Sofa und schlief wenig später ein. Sie würde der Polizei in ihrem Zustand keine große Hilfe mehr sein.

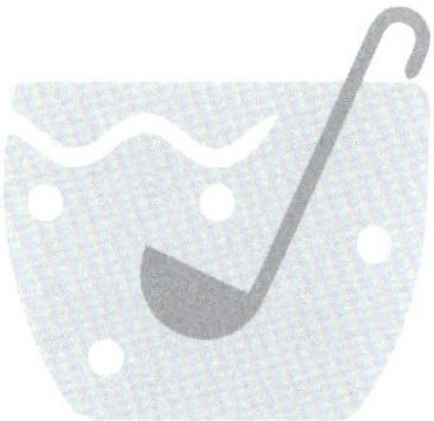

# Weitere Bücher über Ihre Re

**Ruhrgebiet – Die Gerichte unserer Kindheit**
Rezepte und Geschichten
Heinrich Wächter
128 Seiten, zahlr. Farbfotos
ISBN 978-3-8313-2204-6

**Unser Ruhrgebiet – Das Rätselbuch**
Wolfgang Berke, Ursula Herrmann
64 Seiten, zahlr. Farbfotos
ISBN 978-3-8313-3335-6

**Weihnachtsgeschichten aus dem Ruhrgebiet**
Margit Kruse
80 Seiten, S.-W.-Fotos
ISBN 978-3-8313-2745-4

**Dunkle Geschichten aus dem Ruhrgebiet**
**SCHÖN & SCHAURIG**
Margit Kruse
80 Seiten, S.-W.-Fotos
ISBN 978-3-8313-2979-3